놀면서 공부하는 책

퀴즈로 푸는

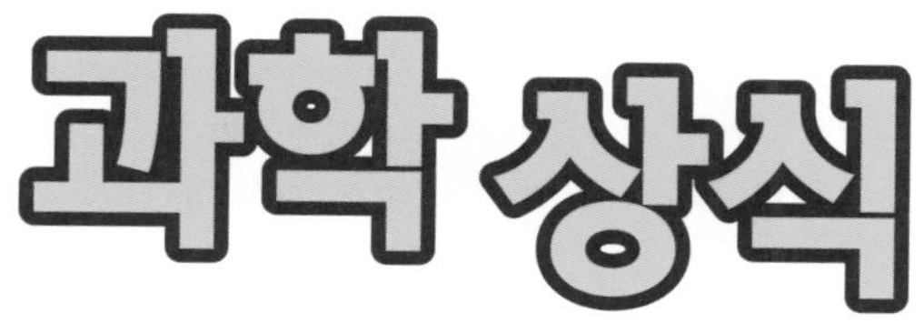

지식서관

차례

생 물 7

사람의 몸 59

우주 과학 103

주변의 과학 139

차례

생 물

사자의 퀴즈 탐험

 1

백수의 왕이라고 불리는 사자와 친척이 되는 동물은 어떤 것이 있을까요?

① 늑대
② 개
③ 고양이

 2

사자는, 새끼 때는 몸에 무늬가 있습니다. 어떤 무늬일까요?

① 짙은 갈색 반점
② 검은 줄무늬
③ 이마에 반달 모양의 흰 반점

문 3

한국에는 야생 사자는 없습니다. 사자가 처음으로 한국에 들어온 것은 언제쯤이었을까요?

① 고려 시대
② 조선 시대 초
③ 대한 제국

 1

③ 고양이

사자는 고양이과에 속합니다. 호랑이나 치타, 재규어 등의 맹수도 모두 고양이의 친척입니다. 몸집이 큰 사자는 몸길이 2.5미터, 몸무게 250킬로그램이나 됩니다. 수컷만 갈기를 갖고 있습니다. 달리는 속도는 시속 60킬로미터 정도. 뛰는 힘을 보면 넓이뛰기는 12미터. 높이뛰기는 2.5미터나 오를 수 있습니다. 그 큰 몸뚱이로 달리는 모습은 정말 멋있습니다.

답 2

① 짙은 갈색 반점

이 짙은 갈색 반점은 특히 발 부분에 분명하게 나타납니다. 하지만 자라나면서 차츰 없어집니다.

답 3

③ 대한 제국

1909년에 창경궁이 개원되었는데, 1911년에 일본 교토 동물원에서 사자 1쌍이 들어왔다는 기록이 있습니다.

코끼리의 퀴즈 탐험

코끼리는 어떻게 물을 마실까요?

① 발을 구부려 입을 대고 마신다
② 두 마리가 서로 마주 보고, 코로 빨아들인 물을 서로 먹여 준다
③ 코로 물을 빨아들이고 나서 코를 둥글게 말아 입으로 가져가 마신다

아기코끼리는 태어날 때까지 얼마 동안 어미코끼리 배 안에 있을까요?

① 6개월
② 10개월
③ 22개월

코끼리는 죽은 친구의 엄니를 나중에 다른 곳으로 숨겨 버린다고 합니다. 왜 그럴까요?

① 친구의 장례식
② 엄니를 많이 모으면 대장이 되니까
③ 먹어서 영양분을 섭취하기 위해

답 4

③ 코로 물을 빨아들이고 나서 코를 둥글게 말아 입으로 가져가 마신다

코끼리는 그 긴 코로 한꺼번에 5.7리터 정도의 물을 빨아올려, 그것을 입으로 가져가 마십니다. 히지만, 아직 젖을 먹는 아기코끼리는 입으로 직접 어미코끼리의 젖을 물고 마십니다.

5

③ 22개월

코끼리의 임신 기간(아기가 뱃속에 있는 기간)은 22개월로, 거의 2년 정도나 어미코끼리의 뱃속에 있는 것입니다. 코끼리는 한 번에 1마리의 새끼를 낳는데, 태어났을 때의 몸무게는 100킬로그램 정도입니다.

②번은 사람의 임신 기간.

답 6

① 친구의 장례식

코끼리는 총에 맞은 친구의 상처에 진흙을 바르거나 시체에 흙이나 나뭇잎을 덮어 주거나 시체의 엄니를 가져간다고 합니다. 그것이 코끼리의 장례식이 아닌가 추측되고 있습니다.

아프리카의 동물들

7

하마는 때때로 큰 입을 벌려 하품을 합니다. 이 하품은 무엇 때문에 하는 것일까요?

① 졸음을 쫓기 위해
② 훌륭한 이빨로 위협하기 위해
③ 식사를 하고 싶다는 신호

8

기린의 뿔은 몇 개일까요? 기린은 동물원에서 흔히 볼 수 있는 동물이지만, 의외로 알기 어렵습니다.

① 1개
② 2개
③ 5개

문 9

하마의 일족으로는 하마와 난쟁이 하마가 있습니다. 하마는 피부의 조그마한 구멍으로부터 색깔이 있는 체액을 분비합니다. 어떤 색깔의 체액일까요?

① 핑크색
② 녹색
③ 청색

답 7

② 훌륭한 이빨로 위협하기 위해

특히, 수하마는 자기의 힘을 다른 수하마들에게 과시하거나 암하마를 부를 때는, 큰 입을 벌리고 훌륭한 이빨을 보입니다.

답 8

③ 5개

머리 위에 2개, 눈 위쪽에 1개, 머리 뒤에 2개, 합해서 5개 있습니다.

답 9

① 핑크색

'피 땀' 이라고 합니다. 난쟁이하마는 무색 투명한 체액을 분비합니다.

팬더의 퀴즈 탐험

 10

팬더는 대나무를 잘 먹습니다. 그런데 정글에서 사는 야생 팬더도 대나무를 먹을까요?

① 대나무 따위만 먹는다
② 고기나 물고기도 먹는다
③ 대나무 따위를 먹지만, 작은 새나 들쥐를 잡아 먹는 경우도 있다

 11

팬더는 어린이들의 인기를 독차지하고 있습니다. 그런데, 체중이 150킬로그램이나 되는 팬더의 새끼는 체중이 얼마나 될까요?

① 약 10킬로그램
② 약 4킬로그램(사람과 비슷한 체중)
③ 약 100킬로그램

문 12

팬더에는 몸집이 큰 팬더와 작은 팬더가 있습니다. 그런데 팬더를 다른 말로 어떻게 부를까요?

① 곰고양이
② 개고양이
③ 뱀고양이

답 10

③ 대나무 따위를 먹지만, 작은 새나 들쥐도 잡아먹는다

팬더는 본래 초식 동물입니다. 그러나 몸의 소화 기관은 육류 따위도 소화가 가능하도록 발달되어 있습니다. 야생 팬더는 대나무 따위의 먹이가 적어지면, 작은새나 들쥐, 물고기 따위도 잡아먹습니다.

답 11

③ 몸무게 약 100킬로그램

팬더는 큰 몸집을 가지고 있지만 아주 작은 새끼를 낳습니다. 새끼 팬더는 반년 정도 어미의 젖으로 자라납니다.

답 12

① 곰고양이

팬더는 중국 등지의 산과, 고지대의 숲 또는 대나무 숲에서 서식합니다.

인기 동물 퀴즈 탐험

 13

코알라는 태어나서 반년 정도는 어미의 배 안에서 자라지만, 그 후 자립할 때까지 식사는 어디서 공급받을까요?

① 어미의 입으로부터
② 아비의 입으로부터
③ 어미의 항문으로부터

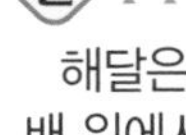 14

해달은 누워서 헤엄을 치며 배 위에서 익숙한 솜씨로 조개를 깨어 먹지만. 다른 것도 먹는다고 합니다. 무엇일까요?

① 해초
② 고래
③ 문어

 15

펭귄은 새 종류이므로 알을 낳습니다. 그렇다면, 그 알을 어떻게 부화할까요?

① 똑바로 선 채로, 뱃가죽으로 싸서 부화시킨다
② 입 안에서 부화시킨다
③ 축구공을 차듯이, 굴리면서 부화시킨다

답 13

③ 어미의 항문으로부터

코알라는 대나무의 일종인 유칼리의 잎만 먹는데, 독립하기 전인 어릴 때는 어미가 항문으로 배설하는, 미처 소화되지 않은 부드러운 배설물을 먹습니다.

답 14

③ 문어

해달이 좋아하는 먹이는 조개나 성게 따위지만 물고기나 게, 문어 따위도 먹습니다. 해달은 육식성 동물이므로 해초류는 먹지 않습니다. 또, 바다에서도 해안 가까이 서식하고 있어서, 고래 따위는 물론 먹지 않습니다.

답 15

① 똑바로 선 채, 뱃가죽으로 싸서 부화시킨다

펭귄은 발 위에 알을 올려놓고, 그 위에 폭신폭신한 배의 가죽으로 덮어서 부화시킵니다. 알을 부화시킬 때는 똑바로 서서 꼼짝하지 않고 서 있습니다.

원숭이의 친척들

 16

고릴라는 원숭이의 친척 중에서는 가장 큰 동물입니다. 어떤 것을 먹을까요?

① 고기나 곤충 따위
② 나뭇잎이나 풀 따위
③ 고기, 풀 모두 먹는다

문 17

긴코원숭이는 이름 그대로 코가 길어, 10센티미터나 늘어져 있습니다. 그러면 이런 긴 코를 갖고 있는 것은?

① 새끼원숭이일 때만
② 암원숭이만
③ 숫원숭이만

 18

다람쥐원숭이는 전세계의 극히 일부분에만 살고 있는데 어디일까요?

① 아이슬랜드
② 뉴질랜드
③ 마다가스카르

답 16

② 나뭇잎이나 풀 따위

죽순이나 셀러리 따위의 식물성인 것을 먹습니다. 고기나 곤충 따위 동물성의 것은 먹지 않습니다.

답 17

③ 숫원숭이만

새끼원숭이나 암원숭이는 그렇지 않고, 어른이 된 숫원숭이만 긴 코를 갖고 있습니다. 보루네오(동남 아시아)에 서식하고 있습니다.

답 18

③ 마다가스카르

다람쥐원숭이는 온몸이 긴 털로 덮여 있고, 손발에 긴 손가락이 있습니다. 나무 위에서 살며 야행성이고, 혼자서 삽니다, 먹이는 주로 과일이나 곤충의 애벌레 등입니다.

바다에 사는 동물들

문 19

고래는 호흡을 할 때 바닷물을 내뿜습니다. 이 때 코에서 뿜어올리는 것은 무엇일까요?

① 코 안으로 들어간 바닷물
② 입으로 마신 바닷물
③ 몸 속의 오줌

문 20

일각고래는 이름 그대로 주둥이 앞에 뿔 비슷한 것이 돋아 있습니다. 이 뿔처럼 생긴 것은 무엇일까요?

① 턱이 길어진 것(자란 것)
② 이가 길어진 것(자란 것)
③ 코가 길어진 것(자란 것)

문 21

전설적인 존재인 인어는 상반신은 사람이고 하반신은 물고기 모습을 하고 있습니다. 이 인어의 모델이 되었다는 동물은 무엇일까요?

① 해우(바닷소)
② 돌고래
③ 바다표범

답 19

① 코 안으로 들어간 바닷물

숨쉬는 힘으로 해면의 물을 치솟게 하는 경우도 있습니다. 고래는 입으로 바닷물을 들이마시지는 않습니다. 호흡을 할 때 뿜어올리는 것이므로, 오줌은 더욱 아닙니다.

 20

② 이가 자란 것

긴 것은 3미터나 되는데, 성장한 수컷에만 있습니다. 일각고래는 북극해에서만 서식하는데, 유니콘이라고도 합니다.

답 21

① 해우(바닷소)

해우의 친척에는 듀공, 매너티 등이 있으며, 바다에 서식하는 것과 강에 서식하는 것이 있습니다. 듀공은 산호초가 있는 바다에 서식합니다.

추워도 걱정 없어

문 22

북극곰은 북극 지방의 해변에 서식하는데, 헤엄과 잠수가 특기입니다. 그러면, 물속에 얼마 정도 잠수해 있을 수 있을까요?

① 1분 정도
② 2분 정도
③ 10분 정도

문 23

북극여우는 북극 등지에서 서식하는, 추위에 강한 여우입니다. 어느 정도의 추위에도 견딜 수 있을까요?

① 영하 30도
② 영하 50도
③ 영하 80도

문 24

눈표범은 표범의 일종이지만, 이름 그대로 어딘지 눈과 관계가 있는 동물입니다. 어떤 것일까요?

① 몸이 눈처럼 희다
② 몸에 눈 무늬가 있다
③ 눈이 많이 내리는 고지대에 서식한다

답 22

② 2분 정도

몸의 색이 흰색이어서 흰곰이라고도 합니다. 바다표범이나 물고기, 돌고래 따위를 주로 잡아먹으며, 여름에는 과일이나 해초, 새의 알도 먹습니다.

답 23

③ 영하 80도

보통 때는 영하 50도 정도의 얼음이 뒤덮인 벌판에서 생활하고 있습니다. 북극여우는 계절에 따라 몸의 색깔이 변하는데(보호색), 겨울에는 온몸이 흰색이 되므로, 흰여우라고도 합니다.

답 24

③ 눈이 많이 내리는 고지대에 서식한다

중앙 아시아에서 히말라야 동부까지의 표고 2,000미터 이상의 고지대에 살고 있습니다. 표범과 비슷하지만, 털이 길고, 꼬리도 긴 것이 특징입니다.

이상한 동물들

25

족제비는 야행성이어서, 낮에는 굴 속에서 휴식을 취하는 동물이지만, 헤엄도 잘 칩니다. 왜일까요?

① 물갈퀴가 있다
② 물고기처럼 부레가 있다
③ 꼬리가 스크류 구실을 한다

26

오소리는 족제비의 친척인데, 굴파기 선수입니다. 그리고 때때로 항문에서 고약한 냄새가 나는 황색 액체를 내뿜는다고 합니다. 그 목적은?

① 친구를 부르기 위해
② 적을 격퇴하기 위해
③ 표시를 하기 위해

문 27

개미핥기는 길쭉한 막대 같은 얼굴 끝에 달린 입으로, 개미나 벌 따위를 잡아먹습니다. 이 개미핥기는 무엇을 무기로 하여 싸울까요?

① 이
② 발톱
③ 긴 꼬리

답 25

① 물갈퀴가 있다

족제비에게는 물갈퀴가 있어서 헤엄을 잘 칩니다. 해가 지면 굴에서 나와 들쥐나 뱀, 물고기를 잡아 먹습니다. 나무를 타고 올라가, 잠자고 있는 새를 덮치는 경우도 있습니다.

답 26

③ 표시를 하기 위해

돌이나 나무 뿌리에 냄새를 묻혀, 자기의 영역임을 표시합니다. 오소리의 굴은 큰 것으로는 사방 100미터 정도의 넓은 것도 있습니다. 야행성으로서, 두더지, 뱀, 들쥐, 나무 열매, 과일 따위, 아무것이나 잘 먹습니다.

답 27

② 발톱

앞발에 끝이 날카로운 발톱이 있어, 이 발톱이 무기 역할도 하고 먹이를 잡는 데도 도움이 됩니다. 개미핥기의 입에는 이가 없지만, 먹이는 긴 혀로 핥아 그대로 삼켜 버립니다.

캥거루와 나무늘보

 28

낙타는 사막 등지에서 물이 없어도 인간보다 열 배는 오래 살 수 있습니다. 그 이유는 무엇일까요?

① 혹에 물을 저장해 둔다
② 체온을 높여서 땀을 덜 흘린다
③ 굴 속에서 생활한다

 29

캥거루는 보통 오스트레일리아 등지의 초원이나 숲에 서식하고 있지만, 별종도 있습니다. 어떤 생활을 하고 있을까요?

① 물 위를 헤엄치면서 생활한다
② 나무 위에 올라가서 생활한다
③ 굴 속에서 생활한다

문 30

나무늘보는 밤에만 활동할 뿐, 낮에는 주로 잠을 잡니다. 하루 동안 대략 몇 시간 정도 잠을 잘까요?

① 8시간　　② 12시간
③ 16시간

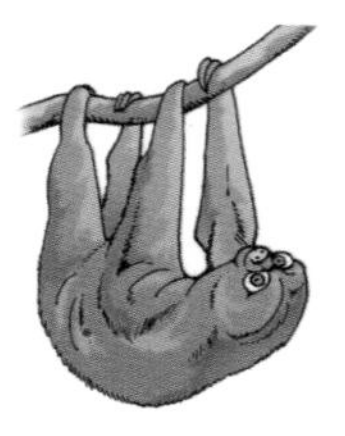

답 28

② 체온을 높여서 땀을 덜 흘린다

낙타는 체온을 섭씨 40도 정도까지 높여서, 더위로 땀이 증발하는 것을 예방합니다. 등에 있는 혹은 지방이 뭉친 것입니다.

29

② 나무 위에 올라가서 생활하고 있다

이름도 나무타기캥거루라고 합니다. 뉴기니아 등지의 숲속 나무 위에서 서식하며, 나무 열매나 잎을 먹고 삽니다.

답 30

③ 16시간

하루의 3분의 2 이상 잠을 잡니다. 나무늘보는 한 마리나 한 쌍(부부)으로 생활하며, 먹이는 나뭇잎이나 어린 가지, 나무 열매 따위를 먹습니다. 체온은 기온에 따라 변하도록 되어 있습니다.

동물의 퀴즈 탐험

문 31

아파카는 남미 안데스 지방에서 가축으로 기르고 있는 동물입니다. 다음 중 어떤 목적으로 사육될까요?

① 젖을 얻기 위해
② 고기를 얻기 위해
③ 털을 얻기 위해

문 32

밍크는 모피를 얻기 위해 기르는 동물로 유명하지만, 한 벌의 밍크 코트를 만드는 데는 몇 마리 정도의 밍크가 필요할까요?

① 30마리
② 80마리
③ 100마리

문 33

레오폰은 수표범과 암사자 사이에서 태어난 동물입니다. 그렇다면, 레오폰이 세계 최초로 태어난 나라는?

① 미국　② 중국
③ 일본

답 31

③ 털을 얻기 위해

아파카는 낙타과의 동물로서, 페루나 볼리비아의 4,000~5,000미터의 고지대에 방목 사육되고 있습니다.

답 32

② 80마리

밍크에는 아메리카밍크와 유럽밍크의 2종류가 있는데, 아메리카밍크는 세계 각지에서 사육되고 있습니다.

답 33

③ 일본

1959년, 일본 효고 현 니시미야 시에 있는 고시엔 동물원에서, 암수 2마리가 태어났습니다. 수레오폰은 목에 갈기가 있고, 몸에는 표범의 무늬가 있습니다.

어떤 무리일까요?

 34

캥거루쥐는 다리가 캥거루와 같은 모양인 쥐입니다. 점프력이 대단하다는데, 도대체 얼마나 뛸까요?

① 50센티미터
② 1.5미터
③ 2.5미터

 35

이솝 이야기에 박쥐 이야기가 나오는데, 박쥐는 어느 종류에 속해 있는 동물일까요?

① 부엉이과에 속하는 조류
② 쥐과에 속하는 포유류
③ 이것도 저것도 아닌 독립된 종류

문 36

박쥐는 캄캄한 덤불 속에서도 나무에 부딪치지 않고 날 수 있습니다. 다음 중, 어떤 비밀이 있어서일까요?

① 초음파를 내면서 난다
② 적외선으로 보며 난다
③ 투시를 하며 난다

답 34

③ 2.5미터

미국의 사막 지대 등지에 서식하며, 야행성이고 바위 밑 따위의 지하에 깊은 굴을 파서 살고 있습니다. 먹이는 식물의 눈이나 줄기, 씨앗 따위를 먹습니다.

답 35

② 쥐과에 속하는 포유류

박쥐는 하늘을 나는 단 한 종류의 포유류입니다. 발가락과 발가락 사이의 피부가 발달해서 날개가 된 것입니다.

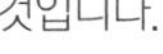

답 36

① 초음파를 내면서 난다

초음파를 발사하여 그 반향(음파가 어떤 물체에 부딪쳐 같은 소리로 다시 들려 오는 현상)을 귀로 듣고, 장애물이나 먹이의 위치를 탐지합니다. 그러므로 아무리 어두워도 나뭇가지에 부딪치는 일은 없습니다.

개의 퀴즈 탐험

 37

개의 냄새를 판별하는 힘은 굉장합니다. 그러면, 인간과 비교해서 개는 대략 몇 배 정도 뛰어날까요?

① 1,000배
② 10,000배
③ 1,000,000배

 38

사물의 소리를 판별하는 개의 능력은 인간과는 비교도 안 될 만큼 우수합니다. 인간의 몇 배정도 일까요?

① 약 10배　② 약 30배
③약 60배

문 39

개가 여름에 더울 때 혀를 내밀고 힘들게 호흡하는 것을 볼 수 있습니다. 왜 개가 그런 행동을 할까요?

① 개는 심장이 약하니까
② 개는 땀을 흘리지 않으니까
③ 개는 목이 잘 마르니까

답 37

③ 1,000,000배

실제로는, 100만 배에서 10억 배나 우수하다고 합니다. 이러한 능력은 경찰견이나 마약 수사 따위에 활용됩니다.

답 38

③약 60배

코와 마찬가지로, 개의 귀도 뛰어난 능력을 갖고 있습니다. 옛날부터 개를 부를 때 '개 피리'가 사용되어 왔습니다. 이것은 사람에게는 들리지 않지만, 개에게만 들리는 높은 음을 내는 피리입니다.

답 39

② 개는 땀을 흘리지 않으니까

개의 몸에서 땀을 흘리는 곳은 발바닥과 발가락 사이 정도입니다. 그러므로 여름철의 더운 날에는 혀를 내밀어 헉헉거리며 호흡하여, 입에서 수분을 증발시켜 체온을 내리게 합니다.

고양이의 퀴즈 탐험

 40

고양이에게는 입 주위와 볼에 긴수염이 나 있습니다. 이 수염은 어떤 역할을 할까요?

① 사물을 감지하는 역할
② 적을 위협하는 역할
③ 얼굴의 먼지를 터는 역할

 41

개의 혓바닥은 매끈하지만, 고양이의 혓바닥은 가시가 돋친 것처럼 까슬까슬합니다. 이런 혀는 무엇을 할 때 편리할까요?

① 젖을 빨 때
② 땀을 증발시킬 때
③ 뼈에 붙어 있는 고기를 벗겨 먹을 때

문 42

고양이과의 동물에는 발바닥에 혹처럼 생긴 살덩어리가 있습니다. 이것은 무엇에 필요한 것일까요?

① 필요 없는 것이다(없어지고 있다)
② 몰래 사냥감에 접근할 때
③ 미끄러지지 않게 한다

답 40

① 사물을 감지하는 역할

진짜 이름은 '촉모' 라고 합니다. 굴이나 구멍, 좁은 곳을 지나갈 때 이 수염의 촉감으로, 자기 몸이 통과할 수 있느냐의 여부를 판단합니다.

답 41

③ 뼈에 붙어 있는 고기를 벗겨 먹을 때

고양이는 본래는 육식 동물이므로, 작은 동물의 고기를 먹을 때는 편리합니다. 또, 털을 다듬을 때도 편리합니다.

답 42

② 몰래 사냥감에 접근할 때

이 살덩어리는 고무처럼 탄력이 있어, 몰래 사냥감에 접근할 때 발자국 소리를 내지 않는 역할을 합니다.

주변의 동물들

문 43

토끼는 자기가 배설한 것을 먹는 이상한 습성이 있습니다. 무슨 이유로 그럴까요?

① 이를 날카롭게 갈기 위해
② 식중독을 예방하기 위해
③ 영양 섭취를 위해

문 44

말의 수명은 약 25살이라고 합니다. 말의 나이를 알기 위해서는 신체의 어느 부위를 보면 안다고 합니다. 어디를 볼까요?

① 눈
② 이
③ 발

문 45

당나귀는 말의 천적으로, 옛날부터 가축으로 기르는 동물입니다. 이 당나귀는 또 하나의 이름이 있습니다. 그것은 무엇일까요?

① 토끼말
② 개말
③ 염소말

답 43

③ 영양 섭취를 위해

배설물 중에서도 엷은 막에 싸여 있는 것만 먹습니다. 그 배설물 속에는 토끼의 건강에 필요한 단백질이나 비타민이 함유되어 있기 때문입니다.

답 44

② 이

말의 이는 나이와 함께 규칙적으로 감소되므로, 수의사 등 전문 의사가 보면 말의 나이를 정확하게 알 수 있습니다.

답 45

① 토끼말

말과 비슷하지만 작고 귀가 길어서 이렇게 불립니다. 또 수탕나귀와 암말 사이에 태어난 동물을 노새라고 합니다.

새의 퀴즈 탐험

문 46

하늘을 나는 새는 매우 민첩하게 날고 있는 것처럼 보입니다. 그럼, 가장 빨리 나는 새는 무엇일까요?

① 제비
② 독수리
③ 타조

 47

새 중에서 가장 작은 새는 '벌새'입니다. 그 크기는 얼마쯤일까요?

① 몸길이 약 3센티미터
② 몸길이 약 6센티미터
③ 몸길이 약 12센티미터

문 48

캄캄한 곳에서도 사물을 볼 수 있는 부엉이는 항상 눈을 두리번거립니다. 부엉이의 목은 얼마나 움직일까요?

① 두리번거릴 뿐, 사실은 90도 정도
② 180도 정도
③ 목을 한 바퀴 돌릴 수 있다

답 46

① 제비

제비 중에서도 가장 빠른 것은 수평으로 날 때 시속 130킬로미터 정도나 날 수 있습니다. 그리고 순간적으로 170킬로미터로 나는 기록도 관측되고 있습니다. 또, 급강하할 때의 매의 속도는 350킬로미터나 되지만 수평으로 날 때는 100킬로미터 정도입니다. 타조는 날지 못하는 새이지만, 달리기를 잘 해서, 시속 140킬로미터로 달리는 것도 있습니다.

답 47

② 몸길이 약 6센티미터

몸길이의 절반은 부리와 꽁지의 길이이며, 체중은 약 1.6그램밖에 되지 않습니다. 열대 지방에 서식하며 주로 꽃의 꿀 따위를 먹으며, 곤충을 잡아먹기도 합니다. 꽃에서 꽃으로 날아다니며, 벌과 같은 날개 소리를 낸다고 해서 '벌새'라고 불립니다. 참새는 몸길이 15센티미터, 몸무게 25그램 정도입니다.

답 48

② 180도 정도

부엉이는 두 눈이 아니면 사물을 정확하게 볼 수 없으므로, 항상 두리번거리고 있는 것입니다. 목의 뼈가 부드러워 최고 270도 정도 좌우로 목을 돌릴 수 있습니다.

뱀의 비밀

문 49

뱀은, 대개 먹이를 한 입에 삼켜 버립니다. 그런데 뱀은 자기의 머리보다 큰 먹이는 어떻게 할까요?

① 이빨로 잘게 물어뜯는다
② 억지로 입을 벌려 삼킨다
③ 포기한다

문 50

뱀은 항상 붉은 혀를 날름거리는데, 왜 그럴까요?

① 혀에서 땀을 분비시킨다
② 냄새를 맡고 있다
③ 소리를 감지하기 위해

문 51

가장 긴 뱀의 기록은 어느 정도일까요?

① 5미터
② 10미터
③ 20미터

답 49

② 억지로 입을 벌려 삼킨다

뱀의 턱뼈는 강한 근육와 인대로 이어져 있습니다. 그래서 턱이 빠질 정도로 입을 크게 벌릴 수 있습니다. 뼈 자체도 부드럽게 이루어져 있습니다. 또, 좌우의 턱을 따로따로 움직일 수 있어서, 큰 먹이도 서서히 삼켜 버릴 수 있는 것입니다.

답 50

② 냄새를 맡고 있다

뱀이나 도마뱀의 혀는 끝이 두 가닥으로 갈라져 있고, 그것을 이용해서 냄새를 감지하는 것을 돕고 있습니다. 뱀이나 도마뱀은 모두 땅 위를 기어 다니므로, 먼 곳을 볼 수 없습니다. 그리고 뱀은 귀가 들리지 않습니다. 그 때문에, 냄새에 의지해서 움직이므로, 계속해서 혀를 날름거리고 있는 것입니다.

답 51

② 10미터

동남 아시아의 정글에 있는 '비단뱀'이 10미터로 기록되어 있습니다. 물가에 서식하며, 사슴이나 멧돼지를 먹이로 합니다. 큼직한 몸통으로 사냥감을 감아서 조여 죽입니다. 또, 나무 위에서 아래에 있는 사냥감을 공격하는 수도 있습니다.

물고기의 비밀

문 52

물고기는 물 속을 민첩하게 헤엄쳐 다니며, 우리 손으로는 도저히 잡을 수 없습니다. 그런데 가장 빠른 것은 어느 것일까요?

① 세계에서 제일 빠른 잠수함
② 세계에서 제일 빠른 배
③ 파초청새치
(청새치의 일종)

날치라는 물고기가 있는데, 정말 날 수 있을까요?

① 이름뿐으로, 날 수 있는 물고기는 없다
② 튀어올라, 새처럼 퍼덕이며 난다
③ 글라이더처럼 수면을 난다

'전기 뱀장어'라는 뱀장어가 있습니다. 왜 그런 이름이 붙여졌을까요?

① 깜짝 놀라면 몸이 빛나니까
② 몸에서 전기를 일으켜 적을 쓰러뜨리므로
③ 전구와 비슷한 모양을 하고 있어서

답 52

③ 파초청새치

파초청새치는 가장 빠르게 헤엄치는 물고기입니다. 그 속도는 시속 100킬로미터를 넘으며, 주둥이가 가늘고, 큰 등지느러미를 가지고 있습니다. 세계에서 가장 빠른 잠수함은 시속 78킬로미터, 세계에서 가장 빠른 배는 시속 84킬로미터입니다. 세계에서 가장 빠른 수영 선수는 100미터를 50초 정도에 헤엄치는데, 시속 7.1킬로미터입니다.

답 53

③ 글라이더처럼 수면을 난다

날치는 큼직한 가슴지느러미와 배지느러미를 이용해서, 수면을 글라이더처럼 날 수 있습니다. 바람을 잘 타면 300~400미터는 갈 수 있으며, 높이도 10미터 이상 높이 날 수 있습니다.

답 54

② 몸에서 전기를 일으켜 적을 쓰러뜨리므로

아마존 강에 사는 전기뱀장어는, 몸에 발전기가 있어 건드리면 650~850볼트의 전기를 발생시켜, 말 따위도 감전되어 죽고 맙니다. 적으로부터 몸을 방어하기 위해 전기를 일으키는 것이고, 먹이를 잡기 위한 것은 아닙니다. 이것은 뱀장어에 속하지 않고, 잉어의 친척입니다.

변신하는 물고기

문 55

금붕어는 어떤 종류의 물고기를 개량해서 만든 물고기입니다. 금붕어의 조상은 어느 것일까요?

① 송사리
② 붕어
③ 은어

문 56

성장하면 이름이 바뀌는 물고기를 '출세어'라고 합니다. 농어가 되는 것은 어느 것일까요?

① 껄떼기
② 마래미
③ 피라미

문 57

물고기의 종류에는 수컷에서 암컷으로 변하는 것도 있습니다. 어느 것일까요?

① 먹도미
② 주걱붕어
③ 날치

답 55

② 붕어

붕어는 변화하기 쉬운 성질이 있고, 색이 붉은 물고기가 만들어지기도 합니다. 그것의 자손 중에 꼬리가 벌어진 것이 금붕어입니다. 금붕어는 1,600여 년 전에 중국에 나타났고, 그것이 우리 나라로 수입된 것입니다.

답 56

① 껄떼기

출세어는 물고기의 몸크기를 기준삼아, 같은 물고기도 다른 이름이 붙은 물고기를 가리킵니다. 농어의 경우, 25센티미터 정도의 것을 그냥 송어새끼, 40센티미터 정도의 것을 껄떼기, 60센티미터 이상의 것을 농어라고 합니다. 출세어의 이름은 지방에 따라 다르기 때문에 일정한 기준은 없습니다.

답 57

① 먹도미

먹도미(감성돔)는 태어날 때는 모두 수컷입니다. 그것이 성장해서 20~25센티미터 정도가 되면, 암컷이 되는 것과 그대로 수컷으로 있는 것으로 나누어집니다. 또, 수컷만 무리지어 살고 있다가 그 중에서 암컷으로 변해 버리는 물고기도 있습니다. 신기하지요?

이런 물고기도 있어?

 58

다음 중에서 실제로 있는 물고기는 어느 것일까요?

① 줄타기물고기
② 나무타기물고기
③ 물구나무서기물고기

 59

별난 물고기에 대한 문제 하나 더. 다음 중 실제로 있는 물고기는 어느 것일까요?

① 물총물고기
② 어뢰물고기
③ 권총물고기

문 60

다음 중에서 실제로 있는 물고기는 어느 것일까요?

① 금화잉어
② 빨판상어
③ 지폐붕어

답 58

② 나무타기물고기

동남 아시아의 강이나 늪에 서식하는 물고기입니다. 몸길이 25센티미터 정도인데, 가슴 지느러미가 발달해서, 그것을 이용하여 육지로 기어오를 수 있습니다. 또, 아가미를 사용하지 않는 공기 호흡도 할 수 있습니다. 그러나 이름은 나무타기물고기이지만, 나무에 올라가는 일은 거의 없습니다.

답 59

① 물총물고기

이 물고기도 동남 아시아의 강이나 늪에서 삽니다. 입으로 물을 빨아들여 아가미를 닫은 후, 힘차게 물을 내뿜어, 물가의 곤충을 쏘아 먹이로 삼습니다. 사정 거리는 약 3미터 정도입니다.

답 60

② 빨판상어

이 빨판상어는 아주 뻔뻔스러운 놈입니다. 머리 위에 따원형의 빨판이 있는데, 그것으로 다랑어, 고등어, 돌고래 따위에 붙어다닙니다. 그리고 먹이도 그 물고기들이 먹다 남긴 것을 먹고, 자신은 거의 아무 일도 하지 않습니다.

물속의 익살꾼

 61

가자미와 넙치는 흡사한 물고기인데, 어떻게 식별할까요?

① 눈이 왼쪽에 있는 것이 가자미, 오른쪽에 있는 것이 넙치
② 눈이 왼쪽에 있는 것이 넙치, 오른쪽에 있는 것이 가자미
③ 입의 크기로 식별한다

문 62

물고기 중에서 헤엄치면서 잠자는 물고기가 있을까요?

① 헤엄치면서 잠자는 물고기도 있다
② 그런 물고기는 없다
③ 물고기는 잠을 자지 않는다

문 63

물고기는 물 속을 헤엄쳐 다니는 동물이지만, 헤엄치지 못하는 물고기가 있을까요?

① 없다. 그런 것은 물고기가 아니다
② 있다
③ 아주 옛날에는 헤엄치지 못하는 물고기도 있었지만, 지금은 없다

답 61

③ 입의 크기로 식별한다

보통은 '눈이 왼쪽에 있는 것이 넙치, 오른쪽에 있는 것이 가자미'라고 하지만, 완전히 정확하다고는 할 수 없습니다. 가자미 중에는 눈이 왼쪽에 있는 것도 있습니다. 넙치는 작은 물고기나 새우 따위를 먹이로 하기 때문에, 가자미에 비해 입이 크고, 이가 예리합니다.

답 62

① 헤엄치면서 잠자는 물고기도 있다

가다랭이나 고등어, 다랑어는 잠자면서 헤엄칩니다. 이들은 헤엄치지 않으면 호흡을 할 수 없게 됩니다. 그리고 물고기에는 눈꺼풀이 없기 때문에 하루 종일 깨어있는 것 같지만, 사실은 잠을 자고 있는 것입니다.

답 63

② 있다

아프리카 등의 열대 지방에서 서식하는 폐어라는 물고기는 물 속에서 호흡을 할 수 없습니다. 진흙 구덩이나 수초 사이에서 서식하는 폐어에는 부레가 없고, 그 대신 폐를 갖고 있습니다. 수면에 얼굴을 내밀고 공기 호흡을 합니다.

곤충의 퀴즈 탐험

 64

누구나 한 번쯤은 나비를 잡으려고 해 본 적이 있겠지요? 그런데 가장 큰 나비는 어느 정도의 크기일까요?

① 날개 폭이 10센티미터
② 날개 폭이 20센티미터
③ 날개 폭이 30센티미터

 65

여러분이 한 번쯤은 길러 봤을 풍뎅이와 사슴벌레. 그런데 동면(겨울잠)을 하는 것은 어느 것일까요?

① 풍뎅이만 동면한다
② 모두 동면한다
③ 모두 동면하지 않는다

문 66

개미는 근면하고, 베짱이는 게으름뱅이로 알려져 있는데 베짱이는 정말 게으름뱅이일까요? 다음 중 옳은 설명은 어느 것일까요?

① 동면을 하므로 먹이는 저장하지 않는다
② 겨울에도 쉬지 않고 일한다
③ 겨울까지 살지 못한다

답 64

③ 날개 폭이 30센티미터

뉴기니아에만 서식하는 호랑나비의 일종에는, 날개를 펴면 30센티미터나 되는 나비도 있습니다. 대개의 나비는 날개를 펴면 매우 아름다운 무늬가 있는데, 이 무늬는 암수가 서로의 눈길을 끌려는 역할과, 적을 놀라게 하는 역할을 합니다.

답 65

③ 모두 동면하지 않는다

풍뎅이나 사슴벌레는 이른 봄에 부화하여, 여름 동안의 1~2개월밖에 살지 못합니다. 여름이 끝날 무렵, 알을 낳고 그대로 죽어 버립니다.

답 66

③ 겨울까지 살지 못한다

베짱이는 5월경에 부화하여 여름이 끝날 무렵에 알을 낳고, 10월경에는 수명이 다합니다. 베짱이는 수컷만 우는데, 그것은 자기 영역을 나타내는 것과 암컷을 끌어들이는 두 가지 역할을 합니다.

벌레의 불가사의

문 67

파리, 모기, 바퀴벌레 이 세 곤충은 모두가 인간에게 해를 끼치는 해충입니다. 이 중에서 가장 오래 전부터 있었던 곤충은 어느 것일까요?

① 파리
② 모기
③ 바퀴벌레

문 68

모기는 사람의 피를 빠는 해충입니다. 모기에 대한 옳은 설명은 어느 것일까요?

① 피를 빠는 것은 암컷만
② 피를 빠는 것은 수컷만
③ 암수 모두 빤다

문 69

덤불 속으로 들어가면, 얼굴이나 손발에 거미줄이 걸려 몹시 불쾌합니다. 그런데 거미줄은 어느 정도의 크기까지 만들 수 있을까요?

① 둘레가 2미터 정도
② 둘레가 6미터 정도
③ 둘레가 18미터 정도

답 67

③ 바퀴벌레

바퀴벌레는 3억 년이나 먼 옛날부터 지구에서 살았다고 합니다. 3억 년 전에는 아직 꽃과 풀이 없었고, 단지 이끼나 양치류, 그리고 해파리의 일종이나 조개류밖에 없었던 시대입니다. 생명력이 배우 강해서, 먹이는 아무 것이나 먹습니다. 인간이 멸망한 뒤에도 바퀴벌레만은 살아남을 것이라고 합니다.

답 68

① 피를 빠는 것은 암컷만

피를 빠는 것은 암컷뿐입니다. 수컷은 꽃과 풀의 즙을 빨아먹고 삽니다. 특히, 알을 낳기 직전의 암컷은 체중의 5배나 되는 피를 빨아들여 영양을 저장합니다. 모기는 동물의 몸에서 나오는 이산화탄소에 끌려 피를 빨러 모여듭니다.

답 69

② 둘레가 6미터 정도

무당거미가 치는 거미줄이 가장 크다고 합니다. 그런데 '거미집' '거미줄'이란 표현은 약간 애매합니다. 이것은 거미가 살아 있는 곤충을 잡아먹는 무기입니다. 거미줄은 보통 1~2시간이면 칠 수 있고, 2~3일 간격으로 다시 칩니다.

식물의 퀴즈 탐험

문 70

식물에는 큰 것에서 작은 것까지 여러 가지 종류가 있는데, 세계에서 가장 큰 꽃은 그 크기가 얼마나 될까요?

① 지름 약 40센티미터
② 지름 약 90센티미터
③ 지름 약 2미터

문 71

미끄러운 유리막대기에 감긴 나팔꽃의 5센티미터 옆에 대나무 막대기를 세웠습니다. 나팔꽃은 어떻게 될까요?

① 그대로 유리 막대기에 감겨 올라간다
② 옆에 세운 대나무 막대기로 옮겨가서 자란다
③ 이것도 저것도 아니다 모두 틀린다

문 72

사막에서 자라는 사보텐(선인장)은 어떻게 수분을 모아 둘까요?

① 가시 속에 물을 저장한다
② 긴 뿌리로 지하수를 빨아들인다
③ 물이 없어도 죽지 않는다

답 70

② 지름 약 90센티미터

동남 아시아의 정글에서 피는 라플레시아라는 꽃은 꽃잎의 지름이 90센티미터, 두께 2센티미터, 무게는 7킬로그램이나 됩니다.

답 71

② 옆에 세운 대나무 막대기로 옮겨가서 자란다

나팔꽃 덩굴에는 많은 털이 나 있습니다. 그리고 표면이 거칠수록 잘 감겨 붙는 특징을 갖고 있습니다. 실험 결과, 유리 막대기에 감겼던 덩굴은 7센티미터 이내에 대나무 막대기가 있으면 그쪽으로 옮겨 가는 성질이 있다는 것을 알았습니다.

답 72

② 긴 뿌리로 지하수를 빨아들인다

사보텐은 물론, 어떤 생물도 수분이 없으면 살 수 없습니다. 사막에서 자라는 사모텐 중에는, 30미터 이상의 길고 곧은 뿌리를 갖고 있는 것도 있어, 지하수를 빨아올립니다. 그리고, 사보텐의 잎이 딱딱한 것은 수분의 증발을 막기 위해서입니다.

식물의 불가사의

문 73

동물은 수컷과 암컷으로 나누어져 있습니다. 식물도 암수로 나누어져 있을까요?

① 식물에는 암수가 없다
② 모든 식물은 한 그루에 암수 양쪽을 모두 갖고 있다
③ 암수 양쪽을 갖고 있는 것도 있고, 갈라져 있는 것도 있다

74

다음 중 실제로 있는 식물의 이름은 어느 것일까요?

① 개미귀신
② 파리지옥
③ 유부나물

문 75

다음 나무 중, 실제로 있는 것은 어느 것일까요?

① 캐러멜의 원료를 채취하는 나무 – 캐멜
② 껌의 원료를 채취하는 나무 – 사포딜라
③ 아이스크림의 원료를 채취하는 나무– 홉슨즈

답 73

③ 암수 양쪽을 갖고 있는 것도 있고, 갈라져 있는 것도 있다

벼처럼, 한 개의 꽃 속에 수꽃의 수술과 암꽃의 수술을 갖고 있는 것도 있고, 은행나무처럼 암수의 나무로 갈라져 있는 것도 있습니다.

답 74

② 파리지옥

북아메리카에 생식하는 식물의 일종으로, 주로 파리를 잡아먹고 사는 식물입니다. 80도 정도의 각도로 붙은 2개의 잎 사이에 가는 털이 많이 돋아나 있습니다. 파리 따위가 그것을 건드리면, 순간적으로 잎을 오므려 곤충을 잡아 양분을 빨아먹고 살아갑니다.

답 75

② 껌의 원료를 채취하는 나무 - 사포딜라

사포딜라는 주로 열대 지방에서 자라는 나무입니다. 이 나무에서는 치클이라는 껌의 원료가 채취됩니다. 콜럼버스가 아메리카 대륙을 발견했을 때, 원주민의 아이들이 치클을 씹으면서 놀고 있는 것을 보고, 껌이 발명되었다고 합니다.

Apple

사람의 몸

음식을 먹는 입

음식물의 맛을 느끼는 것은 혀입니다. 그리고 혀의 부분에 따라 느끼는 맛이 다릅니다. 그러면 단맛은 혀의 어느 부분에서 느낄까요?

① 혀끝
② 혀의 안쪽
③ 혀의 양쪽 옆부분

딸꾹질은 몸 안의 어느 부분에 경련을 일으켜 생기는 것입니다. 그 경련하는 부분은 어디 일까요?

① 위
② 횡격막
③ 폐

 1

① 허끝

허끝에서는 단맛을 느끼고, 신맛은 혀 양쪽 가장자리에서 느낍니다.

답 2

② 횡격막

딸국질은 횡격막이 경련을 일으켰을 때 납니다. 횡격막은 폐와 위의 경계에 있는 막입니다.

이의 불가사의

사람의 이에는 2종류가 있습니다. 이를 갈기 전의 이를 유치(젖니), 간 이를 영구치라고 합니다. 유치는 모두 20개인데, 영구치는 몇개일까요?

① 24개
② 28개
③ 32개

여자에 비하여 남자 쪽이 큰 이를 갖고 있습니다. 왜 남자의 이가 클까요?

① 남자가 많이 먹으니까
② 옛날에, 남자는 이를 닦지 않았기 때문에
③ 옛날에 남자는 이를 무기로 사용했기 때문에

답 3

③ 32개

젖니는 6살 무렵부터 잇달아 새로 돋아나고 빠집니다. 한 번 간 이는 다시 나지 않습니다. 영구치 중에서 가장 안쪽에 나는 4개의 이는 '사랑니'라고 하며. 18~25살 때에 납니다.

답 4

③ 옛날에 남자는 이를 무기로 사용했기 때문에

인간이 아직 원시인이었을 때, 남자는 이를 일종의 무기로 사용했습니다. 그래서 이를 무기로 사용해 오는 동안에, 여자보다도 남자 쪽이 강하고 커졌습니다.

심호흡을 하자

 5

초등 학생이나 중학생은 1분 동안에 대개 몇 번 정도 숨을 쉴까요? '숨을 쉰다'는 것은 들이마시고 내쉬는 것을 1번으로 합니다.

① 12~14번
② 18~20번
③ 24~26번

 6

내쉬는 숨에 가장 많이 함유된 공기의 성분은 무엇일까요?

① 이산화탄소
② 질소
③ 산소

답 5

② 18~20번

5살에서 16살 정도의 청소년은 1분 동안에 평균 18~20번 숨을 쉽니다. 그러나 운동을 한 후나 병에 걸렸을 때, 그리고 기온이 높을 때는 횟수가 많아집니다.

 6

② 질소

내쉬는 숨에 가장 많이 함유되어 있는 성분은 질소입니다. 성분의 내용은 질소가 79퍼센트, 산소가 14퍼센트, 이산화탄소가 7퍼센트 정도입니다.

눈꺼풀과 입술

 7

눈꺼풀에 대한 문제입니다. 부모가 모두 쌍꺼풀이 없는 경우, 쌍꺼풀이 있는 아기가 태어날 확률은 몇 퍼센트 정도될까요?

① 0퍼센트
② 25퍼센트
③ 50퍼센트

 8

입술은 왜 붉은색일까요?

① 피부가 붉은색이니까
② 피가 비쳐 보이기 때문에
③ 체온이 높으니까

답 7

① 0퍼센트

부모가 모두 쌍꺼풀이 없는 경우, 갓 태어난 아기는 반드시 쌍꺼풀이 없습니다. 그러나 나이를 먹어 감에 따라, 쌍꺼풀이 생기는 경우는 많습니다.

답 8

② 피가 비쳐 보이기 때문에

입술에는 매우 많은 피가 흐르고 있습니다. 게다가 입술 피부는 엷기 때문에, 많은 피가 비쳐 보이는 것입니다.

머리카락의 불가사의

 9

머리카락은 한번 빠져도 다시 돋아납니다. 하지만, 새로 돋아나는 데는 약간 시간이 걸립니다. 며칠 만에 다시 돋아날까요?

① 3일
② 30일
③ 90일

 10

비듬은 무엇이 원인으로 생길까요?

① 공기 안의 먼지가 머리에 쌓여, 굳어져 생긴다
② 머리의 피부가 헐어서 생긴다
③ 끊어진 머리카락이 희게 되어 생긴다

답 9

③ 90일

머리카락의 수명은 대개 3~5년 정도입니다. 수명이 다 된 머리카락은 빠지고, 잠시 휴식합니다. 이렇게 쉬고 있는 시간이 대개 3개월입니다. 3개월이 지나면 머리카락은 다시 돋아납니다.

답 10

② 머리의 피부가 헐어서 생긴다

몸을 씻으면 때가 나옵니다. 때는 불필요해진 피부의 일부입니다. 비듬은 머리에 생기는 때이므로, 머리의 피부가 헐어서 생긴 것입니다.

눈썹과 수염

 11

눈썹은 양쪽 합쳐서 몇 개 정도의 털이 나 있을까요?

① 1,300개
② 13,000개
③ 130,000개

 12

어른이 된 남자에게는 수염이 있습니다. 그런데 여자는 왜 어른이 되어도 수염이 나지 않을까요?

① 남자처럼 수염이 있지만 화장을 해서 보이지 않는다
② 아주 잔털이 나 있다
③ 애당초 없다

답 11

① 1,300개

사람에 따라 차이는 있지만, 양쪽 눈썹의 수를 합치면 대개 1,300개 정도입니다.

답 12

② 아주 잔털이 나 있다

여자의 턱이나 코 밑에는 연한 수염이 나 있습니다. 하지만 수염이라 하더라도 솜털과 같은 것이므로, 거의 눈에 띄지 않습니다.

갓난아기에 관한 퀴즈

사람이 태어났을 때, 맨 처음 볼 수 있는 색은 무슨 색일까요?

① 노란색
② 붉은색
③ 파란색

갓난아기가 태어났을 때 우는 소리의 높이는, 갓난아기에 따라서 같을까요, 다를까요?

① 한 사람 한 사람 다르다
② 남자 아이와 여자 아이는 다르다
③ 어느 아기나 같다

 1

② 붉은색

갓난아기는, 붉은색부터 보이기 시작합니다. 그래서 갓난아기용 장난감에는 붉은색이 많이 사용되고 있습니다.

답 2

③ 어느 아기나 같다

세계의 어느 갓난아기도 우는 소리는 같습니다. 태어났을 때는 모두 '라' 음으로 운다고 합니다.

혈액의 퀴즈 탐험

문 15

사람의 몸을 순환하는 혈액, 이 혈액은 주로 몸의 어디에서 만들어질까요?

① 뼛속
② 심장
③ 뇌

 16

인간은 혈액을 얼마쯤 흘리면 죽게 될까요?

① 약 2분의 1
② 약 3분의 1
③ 약 4분의 1

ⓓ 15

① 뼛속

혈액은 주로 '골수'에서 만들어집니다. 골수란 것은, 뼈의 중심 부분에 있는 부드러운 층을 말합니다.

ⓓ 16

② 약 3분의 1

온몸의 혈액 중에서 약 3분의 1 이상이 없어지면, 생명이 위험합니다.

모세 혈관

피가 흐르는 속도는 동맥과 정맥 중 어느 것이 빠를까요?

① 동맥이 빠르다
② 정맥이 빠르다
③ 같은 속도이다

혈관 속에는 모세 혈관이라는 아주 가는 혈관이 있습니다. 이 모세 혈관의 지름은 얼마쯤 될까요? 1미크론은 1,000분의 1밀리미터입니다.

① 5~20미크론
② 100~200미크론
③ 500미크론~1밀리미터

답 17

① 동맥이 빠르다

동맥이란 심장에서 나온 혈액을 각 부분으로 보내는 혈관이고, 정맥은 심장으로 되돌아가는 혈액을 운반하는 혈관입니다. 혈액이 흐르는 속도는 심장에서 내보내는 동맥이 빠릅니다.

 18

① 5~20미크론

인간의 모세 혈관의 굵기는 대개 5~20미크론 정도입니다. 모세 혈관은 온몸에 통해 있습니다.

심장과 폐

 19

사람이 70살까지 살았다고 하면, 그 동안 심장은 몇 번 움직였을까요?

① 2억 5천만 번
② 25억 번
③ 250억 번

 20

폐는 심장 오른쪽과 왼쪽에 하나씩 있습니다. 이 폐의 크기는 양쪽 가운데 어느 쪽이 클까요?

① 오른쪽 폐가 크다
② 왼쪽 폐가 크다
③ 양쪽이 똑같다

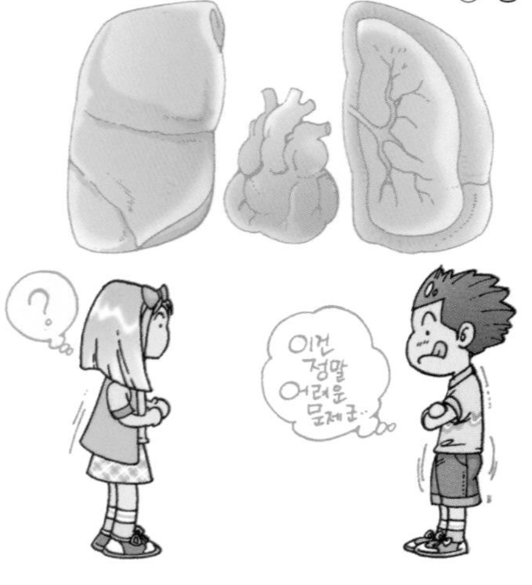

답 19

① 2억 5천만 번

심장은 '심근'이라는 특수한 근육으로 만들어져 있어, 사람이 살아 있는 동안 쉬지 않고 계속 움직입니다. 그리고 70년을 살았다고 하면, 약 25억 번 움직인 것이 됩니다.

답 20

① 오른쪽 폐가 크다

사람의 심장은 왼쪽으로 쏠려 있어서, 그만큼 왼쪽 폐가 작게 되어 있습니다.

장의 불가사의

 21

장의 길이가 가장 긴 것은 무슨 동물일까요?

① 사람
② 개
③ 소

 22

인체 중에서 아무 역할도 하지 않는 것이 맹장입니다. 그런데, 이 맹장의 길이는 어른의 경우 얼마나 될까요?

① 1~3센티미터 정도
② 6~9센티미터 정도
③ 12~15센티미터 정도

답 21

③ 소

소의 내장 길이는 몸길이의 거의 22배로, 57미터나 됩니다. 개의 경우는 몸길이 5배인 5미터, 인간은 몸길이의 5배인 약 7미터입니다. 장의 길이란 것은 대장와 소장을 합친 것을 말하며, 인간의 경우는 대장의 길이는 약 1미터, 소장의 길이는 약 6미터입니다.

 22

② 6~9센티미터 정도

사람에 따라 차이는 있지만 맹장의 길이는 대개 6~9센티미터 정도입니다.

뼈의 비밀

 23

살아 있는 인간의 뼈는 어떤 색깔일까요?

① 순백색
② 어두운 회색
③ 연한 핑크색

 24

인체의 뼈 전부를 모으면, 체중의 몇 분의 몇 정도의 무게가 될까요?

① 6분의 1
② 13분의 1
③ 20분의 1

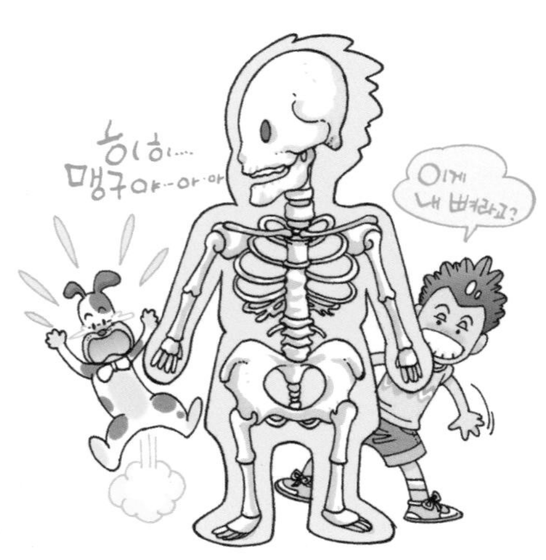

답 23

③ 연한 핑크색

살아 있는 사람의 뼈에는 피가 통하고 있습니다. 그 피 빛이 비쳐 보이므로 핑크색으로 보입니다.

답 24

① 6분의 1

뼈의 무게는 대체로 몸무게의 6분의 1정도입니다. 그러므로 몸무게가 65킬로그램 나가는 어른의 뼈 전부를 모으면 무게는 10킬로그램 정도. 몸무게가 26킬로그램 나가는 어린이라면, 4킬로그램 정도가 뼈의 무게입니다.

손가락의 불가사의

문 25

오른손잡이인 사람의 손가락 길이는, 오른손과 왼손 중 어느쪽이 길까요?

① 오른쪽 손가락이 길다
② 왼쪽 손가락이 길다
③ 변하지 않는다

문 26

사람의 손가락 끝에 있는 지문은 사람마다 다릅니다. 그러면, 쌍둥이 형제의 지문은 어떻게 되어 있을까요?

① 두 사람 모두 같은 지문
② 두 사람 모두 다른 지문
③ 같은 지문이 될 활률이 50퍼센트

답 25

② 왼쪽 손가락이 길다

이유는 분명하지 않지만, 주로 잘 쓰는 쪽의 팔과는 반대쪽 손의 손가락이 조금 길다고 합니다. 사람에 따라서는, 5밀리미터나 더 길답니다.

답 26

② 두 사람 모두 다른 지문

쌍둥이의 지문은 비슷하기는 하지만, 결코 똑같은 지문은 아닙니다.

손톱, 발톱, 털

사람의 손톱(발톱)은 무엇이 변해서 된 것일까요?

① 뼈
② 살
③ 피부

사람의 몸에 난 털은 모두 몇 개쯤 될까요?

① 30만 개 정도
② 80만 개 정도
③ 130만 개 정도

답 27

③ 피부

사람의 손톱(발톱)은 피부가 딱딱해져서 된 것입니다.

답 28

③ 130만 개 정도

사람의 몸에 나 있는 털의 수를 모두 합하면, 약 130만 개가 됩니다. 그 중, 머리털은 10만 개 정도입니다.

땀의 불가사의

인간의 피부에는 땀구멍이 많이 있습니다. 이 땀구멍은 온몸에 몇 개쯤 될까요?

① 200만~500만 개
② 2억~5억 개
③ 200억~500억 개

땀에도 여러 가지 땀이 있습니다. 보통때에 나는 땀과 깜짝 놀라서 나오는 '식은 땀'은 어떻게 다를까요?

① 식은땀이 염분이 많다
② 보통때 나오는 땀에 염분이 많다
③ 다르지 않다

답 29

① 200만~500만 개

인간의 온몸에는 약 200만~500만 개의 땀구멍이 있습니다. 그러나 개나 고양이에는 땀구멍이 거의 없습니다.

답 30

① 식은땀이 염분이 많다

깜짝 놀랐을 때 나오는 식은땀은 보통 때 흘리는 땀보다 염분이 많이 함유되어 있어 더 끈적끈적합니다.

방귀와 대변

 31

남의 앞에서 자주 실례하면 얼굴을 찌푸리게 되는 것이 방귀, 그런데 나오는 것을 참은 방귀는 그 후에 어떻게 될까요?

① 입에서 트림으로 나온다
② 10여 분 후에 다시 나오려 한다
③ 몸 속에 흡수되어 버린다

 32

대변을 무엇으로 되어 있을까요?

① 음식물을 소화한 찌꺼기와 세균 덩어리
② 음식물을 소화한 찌꺼리뿐
③ 세균 덩어리뿐

답 31

③ 몸 속에 흡수되어 버린다

참은 방귀는 장까지 되돌아가서, 혈액에 녹아 들어가 온몸을 돌아다닙니다.

답 32

① 음식물을 소화한 찌꺼기와 세균덩어리

대변 안에는 여러 가지 것이 함유되어 있습니다. 그 대표적인 것이 소화된 음식물 찌꺼기와, 체내에 생식하고 있던 세균덩어리입니다. 그 밖에, 위나 장에서 나온 액체나 위나 장의 껍질이 벗겨진 것이 섞여 있습니다.

어느 쪽이 맞을까요?

어른과 갓난아기 중에서 뼈의 수는 어느쪽이 많을까요?

① 어른 쪽이 많다
② 갓난아기 쪽이 많다
③ 똑같다

남자와 여자는 평균적으로 어느 쪽이 오래 살까요?

① 남자
② 여자
③ 같다

 33

② 갓난아기 쪽이 많다

성인의 뼈의 수는 약 206개 정도, 갓난아기의 뼈는 306개이므로, 갓난아기 쪽이 어른보다 100개 정도 많습니다. 이것은 몸이 자라남에 따라 몇 개의 뼈가 합쳐지기 때문입니다.

 34

② 여자

한국인의 수명은 평균적으로 여자가 남자보다 7살 정도 오래 산다고 합니다. 여자 쪽이 오래 사는 것은 비단 우리 나라뿐만 아니라, 세계의 대부분의 나라에서도 마찬가지인 것 같습니다.

인체의 퀴즈 탐험

 35

오랜 시간 동안 꿇어앉아 있으면 발이 저립니다. 왜 저릴까요?

① 뼈가 구부러지니까
② 혈액 순환이 잘 되지 않아서
③ 털구멍이 막혀서 발이 피부 호흡을 할 수 없으니까

 36

사람의 손발에 생기는' 무좀은 무엇인가가 달라붙어 생기는 병이니다. 그것이 무엇일까요?

① 곰팡이
② 바이러스
③ 무좀이라는 곤충

답 35

② 혈액 순환이 잘 되지 않아서

오랜 시간 꿇어앉아 있으면 몸의 무게로 발의 혈관이 눌려져서, 혈액 순환이 잘 되지 않아 마비 증상이 생기는 것입니다.

답 36

① 곰팡이

무좀은, 백선균이라는 곰팡이의 일종이 몸에 달라붙어 생기는 병입니다.

몸 속의 철분

문 37

인체 속에는 '철분'이라는 성분이 들어 있습니다. 그런데 인체 속의 철분을 모두 합하면, 못 몇 개분이 될까요?

① 작은 못 1개분
② 작은 못 5개분
③ 작은 못 10개분

문 38

독사인 코브라에게 물리면 왜 죽을까요?

① 온몸의 혈관이 절단되니까
② 온몸이 썩으니까
③ 신경이 마비되어, 숨을 못 쉬니까

답 37

① 작은 못 1개분

인체 속에는 모두 6~7그램의 철분이 들어 있습니다. 이것은 대충 작은 못 1개분이 됩니다. 철분은 사람의 혈액 속이나 뼈 속에 함유되어 있습니다. 그리고 음식물로는 쇠고기나 간, 시금치 따위에 철분이 많이 함유되어 있습니다.

답 38

③ 신경이 마비되어, 숨을 못 쉬니까

코브라에게 물리면, 그 독으로 전신의 신경이 마비되어 숨조차 쉬지 못하게 되어, 마침내 죽고 맙니다. 살무사나 반시뱀에게 물렸을 때에는, 그 독으로 혈관이 파괴되어 죽습니다.

체온과 키

 39

사람의 키는 하루 동안에도 1~2센티미터 정도 차이가 납니다. 그러면, 다음 시간 중에서 가장 키가 클 때는 언제일까요?

① 아침에 일어났을 때
② 저녁때
③ 잠자기 직전

 40

사람의 체온은 보통 36.5도 정도입니다. 그러면, 체온이 몇 도 정도까지 내려가면 사람은 죽게 될까요?

① 20도
② 25도
③ 30도

답 39

① 아침에 일어났을 때

사람에게는 여러 개의 관절이 있습니다. 관절은 밤에 잠자는 동안 자라나므로 아침에 일어났을 때 키가 가장 큽니다. 낮에 운동을 하고 있는 동안에는 관절이 체중에 눌려 축소되어 키도 줄어듭니다. 그러므로 저녁때의 키는 아침에 일어났을 때와 비교하면, 1센티미터 가량 작아집니다.

답 40

② 25도

사람은 체온이 30도쯤으로 내려가면 의식이 없어지고, 25도까지 내려가면 얼어죽고 맙니다.

잠자고 있을 때

문 41

사람은 잠자고 있을 때는 누구나 몸을 뒤척입니다. 왜 그럴까요?

① 꿈 속의 동작을 그대로 하니까
② 몸이 마비되지 않도록 하기 위해서
③ 잠자고 있는 동안에도 운동을 하지 않으면 운동 부족이 되니까

문 42

사람은 잠잘 때 꿈을 꿉니다. 그러면 8시간을 잔다고 보면, 하룻밤에 몇 번쯤 꿈을 꿀까요?

① 1~2번
② 5~6번
③ 9~10번

답 41

② 몸이 마비되지 않도록 하기 위해서

오랫동안 똑같은 자세로 있으면, 한 곳에만 체중이 실려 버립니다. 그러면 그 부분이 저려 오므로, 사람은 몇 번이고 몸을 뒤척입니다.

 42

② 5~6번

잠에는 몸만이 잠잘 때와 뇌나 몸이 모두 잠잘 때가 있습니다. 사람이 잠들면, 먼저 몸만 1~2시간 잠자다가 그 다음에는 뇌와 몸이 모두 잠자는 상태가 20~30분 동안에 이어집니다. 이것이 계속 반복됩니다.

그리고 몸만이 잠자고 있는 20~30분 동안에 꿈을 꾸므로, 사람은 하루에 5~6번 꿈을 꾸게 되는 것입니다.

Help the bird
into the house.
Start
Here

우주 과학

볼 수 없는 별자리

 1

별자리는 모두 88개가 있는데, 우리 나라에서 볼 수 없는 별자리는 어느 것일까요?

① 카멜레온 자리
② 천칭 자리
③ 전갈 자리

 2

별자리에도 여러 가지가 있는데, 겨울의 별자리로 유명한 것은 어느 별자리일까요?

① 처녀 자리
② 안드로메다 자리
③ 오리온 자리

문 3

7월 7일의 칠석날로 유명한 직녀성은 거문고 자리에 있는데 견우성은 어느 별자리에 있을까요?

① 백조 자리
② 두루미 자리
③ 독수리 자리

 1

① 카멜레온 자리

카멜레온 자리는 우리 나라에서는 볼 수 없습니다.

 2

③ 오리온 자리

처녀 자리는 봄철의 밤 하늘을 장식하는 별자리이고, 안드로메다 자리는 가을철의 별자리로 유명합니다.

답 3

③ 독수리 자리

직녀성은 거문고 자리의 '베가' 라는 별이고, 견우성은 독수리 자리의 '알타이르' 라는 별입니다.

붙박이별

 4

항성(붙박이별)은 그 표면의 온도에 따라 빛깔이 다릅니다. 그렇다면 온도가 가장 높은 것은 무슨 빛깔일까요?

① 붉은색
② 흰색
③ 푸른색

문 5

현재까지 알고 있는 별 중에서 가장 큰 붙박이별은 태양의 몇 배가 되는 크기일까요?

① 1,000배쯤
② 1,800배쯤
③ 태양보다 큰 별은 없다

문 6

항성의 수명에 대한 설명에서 올바른 것은?

① 무거운 항성일수록 수명이 길다
② 무거운 항성일수록 수명이 짧다
③ 무게와 수명은 관계가 없다

 4

③ 푸른색

온도가 가장 높은 별은 파란색으로 보입니다. 그 다음은 흰색, 노란색, 오렌지색의 차례로 온도가 낮아집니다. 그리고 가장 온도가 낮은 것은 붉은색 별입니다.

답 5

② 1,800배쯤

항성 중에는 태양보다 큰 별이 놀랄 만큼 많이 있습니다. 그 중에서도 'VV 시퍼이 A'라는 별이 있는데, 태양의 1,800배 정도가 된다고 합니다. 하지만 천체 망원경이 더욱 더 발달하면 더 큰 별도 발견할 수 있을 것입니다.

답 6

② 무거운 항성일수록 수명이 짧다

크기가 태양 정도의 항성은 100억 년 정도의 수명입니다. 그러나 태양의 4~8배 무게의 붙박이별 수명은 1억 년 정도이고, 태양의 10배 이상의 무게를 가진 붙박이별은 1,000만 년 정도의 수명밖에 안 됩니다.

태양의 나이

7

태양의 나이는 얼마쯤 될까요?

① 약 5,000만 년
② 약 5억 년
③ 약 50억 년

8

태양과 지구 사이는 얼마나 떨어져 있을까요?

① 약 1억 킬로미터
② 약 1억 5,000만 킬로미터
③ 약 2억 킬로미터

9

태양은 지구보다 훨씬 큰 천체인데, 태양의 지름은 지구 지름의 몇 배 정도나 될까요?

① 약 59배
② 약 79배
③ 약 109배

답 7

③ 약 50억 년

태양이 탄생한 것은 무려 약 50억 년이나 옛날의 일입니다. 태양의 수명은 약 100억 년으로 추산되므로, 이제 태양의 수명 중 절반을 산 셈입니다.

답 8

② 약 1억 5,000만 킬로미터

광속(초속 30만 킬로미터)으로도 8분 20초가 걸립니다. 시속 200킬로미터의 초고속 전철로 달린다 해도 85년이나 걸립니다. 달과 지구 사이의 거리가 약 38만 킬로미터이므로, 태양이 얼마나 멀리 떨어져 있는가를 알 수 있습니다.

답 9

③ 약 109배

태양의 지름은 139만 2천 킬로미터이고, 지구의 지름은 1만 2천 킬로미터입니다. 또, 태양의 체적은 무려 지구의 130만 4천 배나 됩니다.

태양의 흑점

태양은 무엇이 타서 빛을 내고 있을까요?

① 수소 가스
② 우라늄
③ 석탄과 석유

태양이 방출하고 있는 에너지는 굉장한 양인데, 그 중에서 지구가 태양으로부터 얻고 있는 에너지는 전체의 몇 분의 1쯤 될까요?

① 2만 2천분의 1
② 220만분의 1
③ 22억분의 1

문 12

태양을 자세히 관측하면 흑점이라는 것이 있는데, 이 흑점이란 도대체 무엇일까요?

① 맹렬한 가스의 소용돌이
② 조그마한 블랙홀
③ 산소가 함유되어 있는 부분

답 10

① 수소 가스

태양은 수소 가스의 덩어리입니다. 수소가 헬륨으로 바뀔 때는, 맹렬한 빛과 열을 냅니다. 수소 폭탄이 연속적으로 폭발하는 것과 같은 이치입니다.

답 11

③ 22억분의 1

태양은 대량의 에너지를 우주 공간에 방출하고 있습니다. 그러나 지구가 받아들이고 있는 태양 에너지는 아주 작은 것으로서, 전체 에너지의 22억분의 1밖에 안 됩니다.

답 12

① 맹렬한 가스의 소용돌이

태양의 표면 온도는 약 6,000도쯤 됩니다. 그런데, 흑점의 온도는 4,000도 정도이므로, 주변의 온도보다 2,000도나 낮기 때문에 검게 보이는 것입니다.

크레이터

 13

지구의 지름은 1만 2,756킬로미터인데, 달의 지름은 얼마쯤 될까요?

① 800킬로미터
② 3,476킬로미터
③ 6,792킬로미터

 14

달에도 바다나 육지로 불리는 곳이 있습니다. 그렇다면, 달의 바다에는 무엇이 있을까요?

① 물이 많이 있다
② 모래와 바위뿐
③ 암모니아로 된 얼음이 있다

문 15

달에는 크레이터라는 둥근 구멍이 많이 있는데, 이것은 어떻게 생긴 것일까요?

① 운석이 떨어져서 생겼다
② 화산이 분화해서 생겼다
③ 호수가 건조해서 생겼다

답 13

② 3,476킬로미터

800킬로미터는 명왕성의 위성인 카론의 지름이고, 6,792킬로미터는 화성의 지름입니다.

답 14

② 모래와 바위뿐

달은 모래와 바다뿐인 죽음의 세계입니다. 다만, 육지 부분에 산맥 따위가 있어 울퉁불퉁하지만, 바다 부분은 비교적 평평합니다. 달 표면에 검게 보이는 것이 바다입니다.

답 15

① 운석이 떨어져서 생겼다

미국의 아폴로 우주선이 달을 탐사하여, 운석이 떨어져서 생긴 구멍이라는 것을 확인했습니다. 지름이 200킬로미터 이상인 큰 크레이터도 있습니다.

달에 가면?

 16

달에 서서 우주를 쳐다보면 어떻게 보일까요?

① 푸른 하늘이 보인다
② 노란 하늘이 보인다
③ 캄캄한 우주가 보인다

 17

달에서 지구를 보았을 때의 지구의 크기는, 지구에서 달을 보았을 때 달 크기의 몇 배 정도 크기로 보일까요?

① 약 2배
② 약 4배
③ 약 6배

 18

몸무게가 36킬로그램인 사람이 달에 가면 몇 킬로그램이 될까요?

① 6킬로그램이 된다
② 36킬로그램으로 변함이 없다
③ 72킬로그램이 된다

답 16

③ 캄캄한 우주가 보인다

달에는 공기(대기)가 없으므로, 하늘은 캄캄합니다. 지구의 하늘이 파란 것은 공기가 있기 때문입니다. 공기 속의 미세한 물질에 태양 광선이 부딪혀 반사해서 색깔이 나타나는 것인데, 태양 광선 중에서도 특히 파란색이 산란하기 쉬워서, 하늘이 파랗게 보이는 것입니다.

답 17

② 약 4배

지구의 지름은 달의 지름의 약 4배입니다. 따라서 달에서 본 지구 쪽에, 지구에서 본 달보다도 4배의 크기로 보입니다.

답 18

① 6킬로그램이 된다

달의 인력은 지구의 인력의 6분의 1이므로, 체중이 36킬로그램인 사람은 6킬로그램이 됩니다. 그리고 지구에서는 공을 20미터밖에 던지지 못한 사람도, 달에서는 120미터나 던질 수 있게 됩니다.

일식과 월식

 19

태양과 지구와 달의 배열에 의해서, 일식과 월식이 일어납니다. 그러면, 태양과 지구 사이에 달이 들어가서 생기는 현상은 무엇일까요?

① 일식
② 월식
③ 양쪽 모두 일어난다

문 20

일식에는 3종류의 일식이 있습니다. 그러면, 태양의 중앙 부분만 가려지고 태양의 가장자리는 둥글게 보이는 일식을 무엇이라고 할까요?

① 개기 일식
② 부분 일식
③ 금환 일식

문 21

일식과 마찬가지로, 월식에도 개기 월식과 부분 월식이 있을까요?

① 개기 월식, 부분 월식 모두 있다
② 개기 월식만 있다
③ 부분 월식만 있다

19

① 일식

태양과 지구 사이에 달이 들어가서, 태양을 가리는 것이 일식입니다. 반대로, 태양과 달 사에 지구가 들어가서, 달이 지구의 그늘에 가려 보이지 않게 되는 것이 월식입니다.

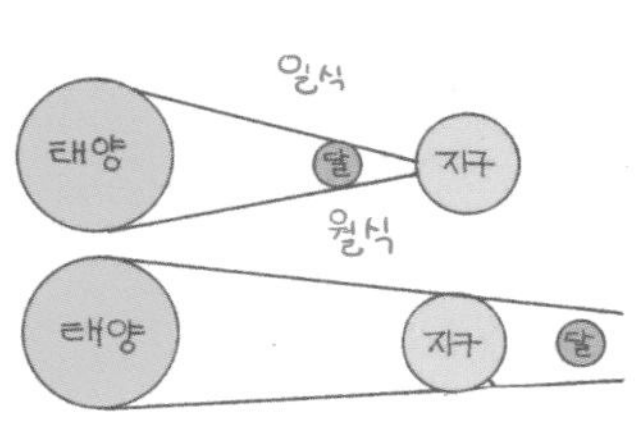

답 20

③ 금환 일식

개기 일식이란 태양 전체가 완전히 가려져 버리는 일식을 가리킵니다. 또, 부분 월식이란 태양의 일부분이 가려지는 일식입니다.

답 21

① 개기 월식, 부분 월식 모두 있다

월식에도 개기 월식과 부분 월식이 있습니다. 그러나 달은 작아서 지구의 그림자 속으로 완전히 들어가 버리므로, 금환 월식은 없습니다

태양계의 친구들

 22

태양계에는 몇 개의 혹성이 있을까요?

① 6개
② 9개
③ 12개

 23

혹성의 종류에는 그 혹성이 무엇으로 생성되었는가에 따라 2종류로 나누어집니다. 하나는 목성형인데, 또 하나는 무슨 형일까요?

① 지구형
② 화성형
③ 토성형

 24

토성에는 예쁜 고리가 있는데, 고리를 갖고 있는 혹성은 그 밖에도 있습니다. 그것은 어느 별일까요?

① 목성과 천왕성
② 금성과 화성
③ 명왕성

22

② 9개

태양에 가까운 순서로 수성, 금성, 지구, 화성, 목성, 토성, 천왕성, 해왕성, 명왕성 등 9개의 혹성이 있습니다.

답 23

① 지구형

목성처럼 수소와 헬륨이 주성분으로 되어 있는 혹성을 가스 혹성이라 하고, 토성 · 천왕성 · 해왕성도 그 종류입니다. 한편 지구처럼 주로 암석 따위로 되어 있는 혹성을 지구형 혹성이라고 하는데 수성 · 금성 · 화성이 이에 속합니다.

답 24

① 목성과 천왕성

목성과 천왕성에도 고리가 있습니다. 그리고 해왕성에도 있지 않을까 추측하고 있습니다.

가장 큰 혹성

 25

혹성 중에서 가장 많은 별을 거느리고 있는 별은 어느 것일까요?

① 목성
② 토성
③ 천왕성

 26

가장 큰 혹성은 어느 별일까요?

① 목성
② 토성
③ 천왕성

문 27

태양계에는 소혹성이라고 하는 조그마한 별의 집단이 있습니다. 이것은 어느 혹성과 혹성 사이에 있을까요?

① 수성과 금성
② 화성과 목성
③ 천왕성과 해왕성

 25

② 토성

토성은 17개의 위성을 거느리고 있습니다. 목성은 16개이고 천왕성은 6개입니다. 그런가 하면 수성과 금성은 위성이 없습니다.

 26

① 목성

목성의 적도 지름은 14만 2천 796킬로미터나 됩니다. 토성은 12만 660킬로미터, 천왕성은 5만 800킬로미터인데, 지구는 1만 2천 756킬로미터 밖에 안 됩니다.

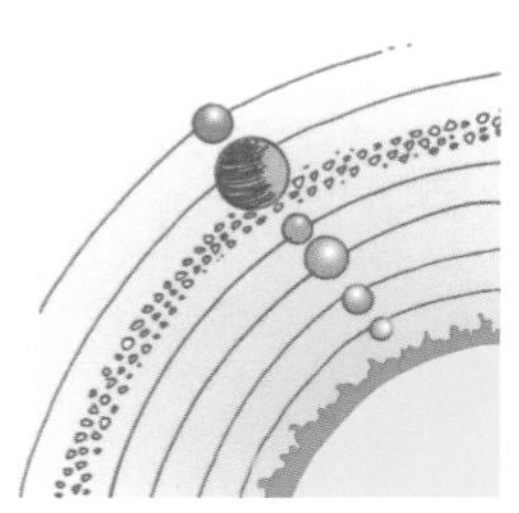

답 27

② 화성과 목성

화성과 목성 사이에 1,600개 정도 있습니다. 가장 큰 것이라고 해도, 지름이 1,000킬로미터 정도밖에 안 됩니다.

물에 뜨는 별

태양(항성)처럼 될 뻔한 혹성은 다음 중 어느 것일까요?

① 수성
② 목성
③ 천왕성

다음 혹성 중 물보다 가볍고, 물에 넣으면 뜨는 별은 어느 것일까요?

① 명왕성
② 해왕성
③ 토성

문 30

태양계 중에서, 지구 이외에도 활동 중인 화산이 있는 것은 다음 중 어느 것일까요?

① 수성
② 화성의 위성 포보스
③ 목성의 위성 이오

② 목성

목성은 태양과 마찬가지로, 주로 수소와 헬륨으로 되어 있습니다. 목성이 좀더 컸더라면, 내부가 가열되어 태양처럼 빛과 열을 내기 시작했을 것입니다.

③ 토성

물의 무게를 1이라 하면, 토성의 무게는 0.68밖에 안 됩니다. 따라서, 토성보다도 큰 수영장이 있어 거기에 넣으면 물 위에 뜰 것입니다.

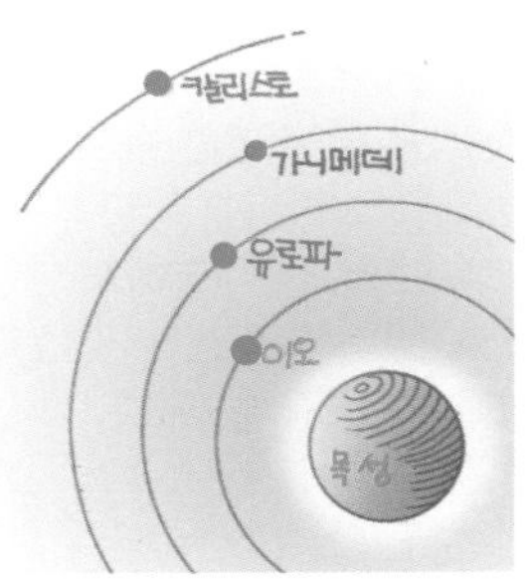

답 30

③ 목성의 위성 이오

이오에는 활동 중인 이오와 유로파 · 가니메데 · 칼리스토의 목성의 4개 위성은 갈릴레이가 발견했기 때문에, 갈릴레이 위성이라고 합니다.

태양계의 무서운 혹성

31

1년 내내 황산 비가 내리는 무서운 혹성은 다음 중 어느 것일까요?

① 수성
② 금성
③ 목성

32

태양과 가장 가까운 수성의 낮 온도는 420도 이상 되지만, 밤에는 몇 도쯤 변할까요?

① 430도로 변하지 않는다.
② 100도 정도
③ 영하 170도 정도

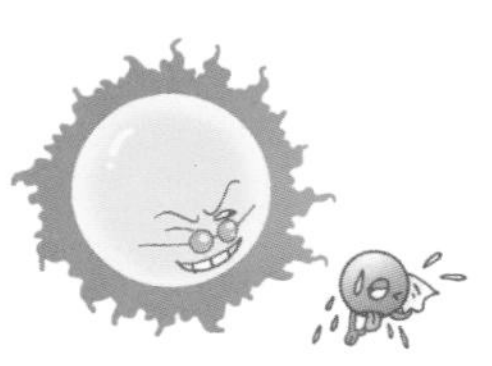

문 33

지구는 1년에 한 번꼴로 태양의 둘레를 돌고 있습니다(이것을 공전이라고 합니다). 그러면, 태양에서 가장 멀리 떨어져 있는 명왕성은 몇 년에 걸려 태양을 한 바퀴 돌까요?

① 12년 정도
② 84년 정도
③ 250년 정도

답 31

② 금성

금성은 지구 바로 안쪽에 있고, 크기도 비슷한 혹성이지만, 표면의 상황은 아주 다릅니다. 1년 내내 황산 비가 내리는 두꺼운 구름에 덮여 있고, 온도도 400도 이상인 지옥 세계입니다.

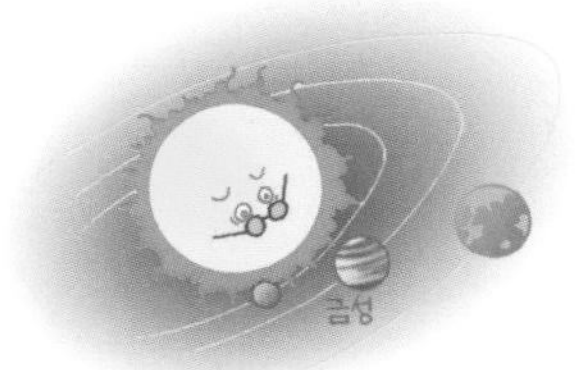

답 32

③ 영하 170도 정도

밤이 되면 영하 170도까지 내려가므로, 낮과 밤과의 온도차가 600도나 됩니다.

답 33

③ 250년 정도

명왕성은 246년에서 250년 정도 걸려서 지구를 한 바퀴 돕니다. 천왕성은 약 84년에 한 번, 목성은 약 12년에 한 번꼴로 태양을 돌고 있습니다.

혜성의 꼬리

 34

긴 꼬리를 끌며 나타나는 별을 혜성이라고 하는데, 이 혜성은 어떠한 물질로 되어 있을까요?

① 철과 납
② 딱딱한 암석
③ 얼음덩어리

 35

혜성에는 주기적으로 지구 가까이 오는 것이 있는데, 76년에 한 번꼴로 가까이 오는 유명한 혜성은 무엇일까요?

① 핼리 혜성
② 캘리 혜성
③ 샐리 혜성

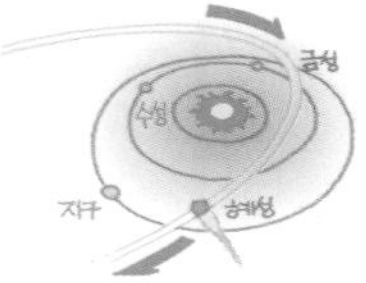

문 36

혜성이 태양에 근접할 때 꼬리는 머리(핵)의 뒤쪽으로 뻗어 있지만, 태양에서 멀어질 때는 어떻게 될까요?

① 머리가 앞이고, 꼬리가 뒤쪽이 된다.
② 반대로, 꼬리가 앞으로 오고, 머리 쪽이 뒤로 이어진다
③ 꼬리는 없어져 버린다.

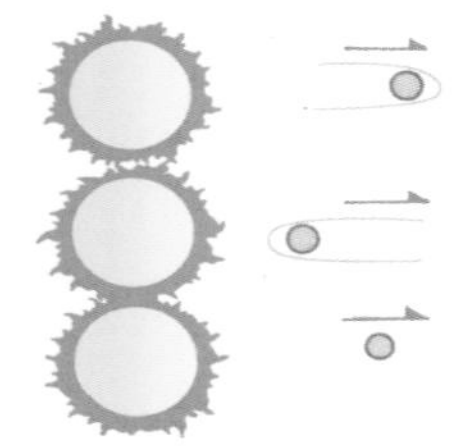

답 34

③ 얼음덩어리

물이나 암모니아가 언 얼음덩어리라고 합니다. 혜성이 태양에 가까이 가면 열을 받아 얼음이 녹아서 가스가 됩니다. 이 가스가 태양풍에 날려 긴 꼬리가 되는 것입니다.

답 35

① 핼리 혜성

핼리 혜성은 76년 만에 한 번은 지구 가까이 오지만, 개중에는 단 한 번밖에 지구에 오지 않는 혜성도 있습니다.

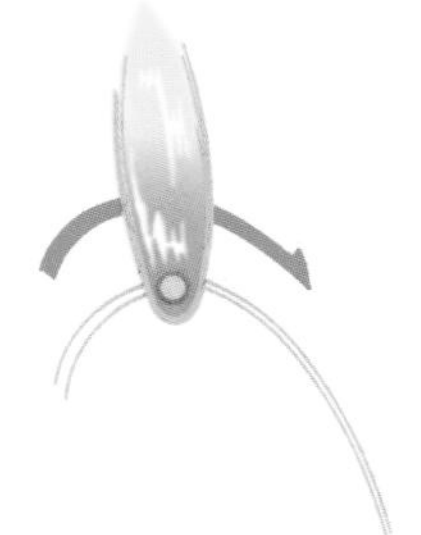

답 36

② 반대로, 꼬리가 앞으로 오고, 머리쪽이 뒤로 이어진다

혜성의 꼬리는 언제나 태양과 반대되는 쪽에 있습니다. 이것은 혜성의 꼬리인 가스 따위가 태양풍에 날려서 생기는 것이기 때문입니다.

별똥별과 운석

 37

밤 하늘을 빛내며 흐르는 별똥별을 유성이라고도 하는 이 별똥별은 무엇으로 되어 있을까요?

① 조그마한 암석이나 먼지
② 하늘에서 반짝이는 별
③ 인공 위성의 파편

문 38

별똥별이 전부 연소되지 않고 지상으로 떨어지는 것이 운석입니다. 지금까진 발견된 운석 중에서, 가장 큰 것은 어느 정도 일까요?

① 60톤 이상
② 1톤
③ 135킬로그램

문 39

운석이 떨어져서 생긴 구멍을 운석 구멍이라고 하는데, 세계에서 가장 큰 운석 구멍은 어느 정도일까요?

① 지름 12미터
② 지름 120미터
③ 지름 1,200미터

답 37

① 조그마한 암석이나 먼지

태양 둘레를 돌고 있는 조그마한 암석이나 먼지 따위가 지구의 대기권으로 날아 들어와서, 불타 없어지는 것이 별똥별입니다. 대개 지상 100킬로미터 부근에서 타기 시작하여, 80킬로미터 부근에서 모두 타 버립니다.

38

① 60톤 이상

님아메리카에서 발견된 것으로, 60톤에서 70톤이나 되는 것도 있습니다.

답 39

③ 지름 1,200미터

미국 애리조나 사막에 있는 운석 구멍은 지름이 1,200미터 이상이나 됩니다.

우주섬의 이름은?

문 40

그다지 머지않은 미래에, 우주에 많은 사람들이 살 수 있는 우주 섬을 만들 계획을 세우고 있습니다. 이 우주 섬의 이름은 무엇일까요?

① 스페이스 콜로니(우주식민지)
② 우주 스테이션(우주 정류장)
③ 스페이스 아일랜드

문 41

가장 큰 우주 섬에는 사람이 얼마나 살 수 있을까요?

① 1만 명
② 10만 명
③ 100만 명

답 40

① 스페이스 콜로니

연구 중에 있는 스페이스 콜로니에는 토러스 형, 베르나르 구형, 실린더 형의 3종류가 있습니다.

답 41

③ 100만 명

실린더 형인 스페이스 콜로니에는 100만 명이 거주할 수 있습니다. 이 실린더 형 스페이스 콜로니는 길이가 30킬로미터, 지름이 6킬로미터나 되는 거대한 것입니다. 토러스 형과 베르나르 구형의 스페이스 콜로니는 1만 명 정도가 살 수 있는 크기입니다.

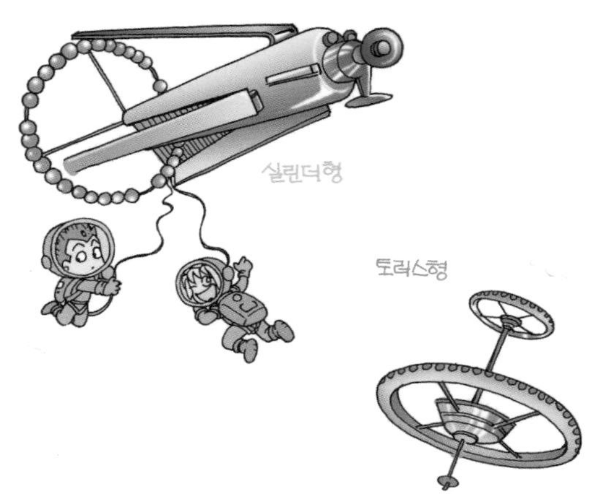

우주에서의 실험

 42

거미는 우주선 속에서 거미줄을 칠 수 있을까요?

① 거미줄을 칠 수 있다
② 거미줄을 칠 수 없다
③ 작은 거미만 거미줄을 칠 수 있다

 43

지구에서 내리는 눈의 결정은 6각형이지만, 우주선 안에서 만든 눈의 결정은 어떤 형일까요?

① 12각형의 결정
② 둥근 결정
③ 모양이 가지각색인 결정

문 44

우주선 안에서, 양초에 불을 붙이면, 다음 중 어떤 것처럼 탈까요?

답 42

① 거미줄을 칠 수 있다

처음에는 약간 흐트러진 모양이었지만, 나중에는 반듯한 거미줄은 칠 수 있게 되었습니다.

43

② 둥근 결정

우주에서는 중력이 없기 때문에(이것을 무중력이라고 합니다), 둥근 결정이 되었습니다.

답 44

②가 정답

양초의 불꽃이나 성냥의 불꽃이 모두 둥글게 되어 버립니다. 그리고, 연소된 가스가 둥글게 불꽃을 에워싸기 때문에 산소가 공급되지 않아, 잠시 후에는 꺼져 버립니다.

우주 개발 계획

문 45

최초로 우주를 비행한 동물은 다음 중 어느 것일까요?

① 인간
② 침팬지
③ 개

 46

미국의 우주 개발을 추진하고 있는 것은 미항공 우주국인데, 그 이름은 무엇일까요?

① NASA(나사)
② ESA(이사)
③ KSC

문 47

1961년 미국의 케네디 대통령은 달에 인류를 올려 보내는 우주 계획을 발표했습니다. 이 계획을 무엇이라고 했을까요?

① 문 계획
② 아폴로 계획
③ 월면 계획

답 45

③ 개

1957년 11월 3일, 소련의 스푸트니크 2호에, 라이카 견이라는 종류의 개가 탑승하여 우주를 비행했습니다. 1961년 1월 31일, 이번에는 미국의 머큐리 우주선에 침팬지를 태우고 비행했습니다. 최초의 유인 비행은 1961년 4월 12일, 소련의 보스톡 1호에 가가린 비행사가 탑승하여 비행했습니다.

답 46

① NASA(나사)

1958년 10월 1일에 설립되었고, 본부는 워싱턴에 있습니다. ESA란 유럽 우주 기관을 가리키고, KSC는 케네디 우주 센터의 약자입니다.

답 47

② 아폴로 계획

1969년 7월 20일, 아폴로 12호가 달에 착륙하여, 암스트롱 선장이 인류 최초로 달에 섰습니다.

최초의 우주 연락선

48

'지구인으로부터 지구의 문명에 보내는 편지'를 가지고 지구를 떠난 혹성 탐사기는 어느 것일까요?

① 루나 6호
② 보스톡 6호
③ 파이어니어 10 · 11호

49

1981년 4월 12일에 발사된 최초의 우주 연락선은 어느 것일까요?

① 챌린저
② 디스커버리
③ 콜럼비아

문 50

목성과 토성에 접근해서, 많은 사진을 지구로 보내 온 혹성 탐사기는 다음 중 어느 것일까요?

① 보이저 1 · 2호
② 마리너 10호
③ 바이킹 1 · 2호

답 48

③ 파이어니어 10 · 11호

파이어니어 10호 · 11호는 모두 목성 탐사를 목적으로, 1972년 3월 3일에 10호가, 1973년 4월 6일에 11호가 발사되었습니다. 루나 3호는 1953년에 발사된 소련의 달 탐사기로서, 달의 뒷면 사진을 촬영했습니다. 보스토크 6호는 1963년 6월 16일에 발사된 소련의 우주선으로, 세계 최초의 여자 우주 비행사 텔레시 코바를 우주로 날려 보냈습니다.

답 50

① 보이저 1 · 2호

보이저 2호는, 천왕성과 해왕성에도 접근할 계획입니다. 보이저 1 · 2호는 이미 10여 년 전에 9개의 행성을 모두 지났지만 태양계의 마지막 구성체까지 지나려면 아직 4만 년은 더 가야 합니다.

매리너 10호는 금성과 수성을 탐사한 탐사기이고, 바이킹 1 · 2호는 화성에 착륙한 탐사기입니다.

답 49

③ 콜럼비아

콜럼비아, 디스커버리, 챌린저 등은, 정식으로는 오비터라고 불리는 우주 비행사 거주선을 말합니다. 이 오비터와 2개의 고체 로켓 부스터, 그리고 외부 연료 탱크를 합친 것을 우주 연락선(스페이스 셔틀)이라고 합니다.

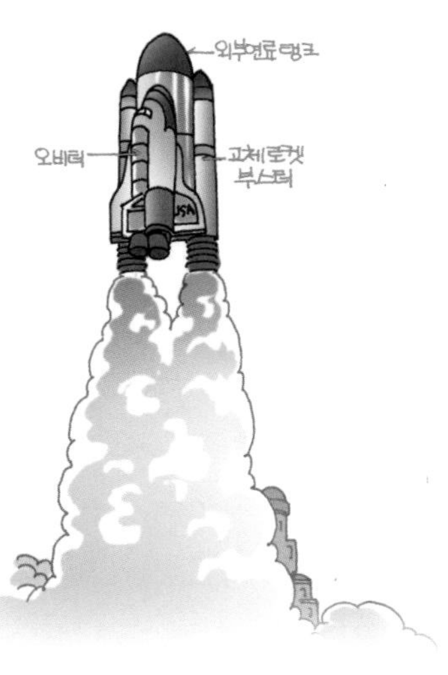

Boot

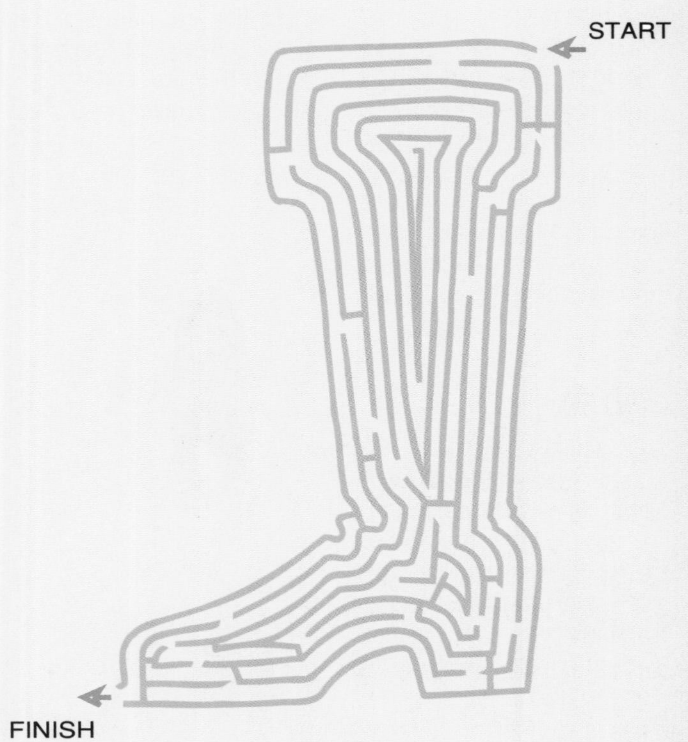

주변의 과학

얼음과 물

얼음에 소금을 타면 어떤 변화가 일어날까요?

① 열이 발생하여 얼음이 금방 녹는다
② 얼음 색깔이 파랗게 된다
③ 얼음 온도가 더욱 낮아진다

물질은 보통 냉각되면 작아지는데, 물은 냉각되면 어떻게 될까요?

① 부피가 불어난다
② 부피가 줄어든다
③ 부피는 변하지 않는다

답 1

③ 얼음 온도가 더욱 낮아진다

얼음과 소금을 혼합하면, 소금이 얼음의 열을 빼앗아갑니다. 그래서 얼음 전체의 온도가 내려갑니다. 얼음과 소금을 3대 1의 비율로 혼합하면, 영하 20도 정도가 됩니다. 이처럼 두 개 이상의 물질이 섞이면 온도가 낮아지는 물질을 '한제' 라고 합니다.

 2

① 부피가 불어난다

물은 냉각되어 얼음이 되면 부피가 불어납니다. 이것은 매우 희귀한 일입니다. 물 이외의 물질은, 냉각되어 고체가 될 때는 부피가 줄어듭니다.

우유의 비밀

 3

우유를 데우면 표면에 엷은 막이 생기는데, 그것은 무엇일까요?

① 칼슘
② 단백질
③ 지방분

 4

우유가 들어 있는 컵 속에 우유를 한 방울 떨어뜨리면, 순간적으로 어떤 모양이 나타납니다. 무슨 모양일까요?

① 다이아몬드
② 왕관
③ 버섯

답 3

② 단백질

표면에 생기는 막은 단백질이 굳어진 것으로, 의외로 단단합니다. 단백질은 열을 가하면 굳어지는 성질이 있습니다. 계란 성분도 주로 단백질이므로, 삶으면 굳어지는 것입니다.

 4

② 왕관

우유 속에 우유를 한 방울 떨어뜨리면, 우유는 왕관 모양으로 튀깁니다. 그런데 이것은 1만분의 1초라는 아주 짧은 시간에 일어나는 현상이므로, 특수 카메라가 아니면 순간 포착이 어렵습니다.

불꽃의 색깔

 5

양초나 성냥의 불꽃은 붉은 부분과 푸른 부분으로 나누어져 있습니다. 그 중에서 어디가 가장 뜨거울까요?

① 바깥쪽
② 안쪽
③ 어디나 같다

문 6

가스 버너의 불을 보면, 붉은 불꽃과 푸른 불꽃이 있습니다. 불꽃의 색깔에 대해 올바른 설명은 다음 중 어느 것일까요?

① 파란 불꽃은 공기가 부족하다
② 붉은 불꽃은 공기가 부족하다
③ 불꽃의 색깔과 공기의 양은 관계 없다

답 5

① 바깥쪽

'겉불꽃' 이라고 하는 바깥쪽이 가장 뜨겁고, 한가운데의 불꽃심이 가장 온도가 낮습니다. 양초의 불꽃심 온도는 900도 정도입니다. 속불꽃은 1,200도 정도이고, 겉불꽃은 1,400도나 됩니다. 그리고 밝기는 불꽃심이 가장 어둡고, 속불꽃이 가장 밝은 부분입니다.

답 6

② 붉은 불꽃은 공기가 부족하다

공기 구멍을 막고 가스 버너에 불을 붙이면 붉은 불꽃이 나옵니다. 이것은 공기가 부족하기 때문인데, 공기 구멍을 조절해서 알맞게 공기를 공급하면, 안정된 파란 불꽃이 됩니다.

온 도

7

쇠를 녹이는 용광로 속은, 2,000도라는 높은 온도가 됩니다. 그런데 반대로 영하 2,000도라는 온도는 있을까요?

① 있다
② 절대로 없다
③ 지구상에는 없으나 우주에는 있다

8

부채를 부치면 시원합니다. 그런데, 온도계를 부채로 부치면 어떻게 될까요?

① 변하지 않는다
② 내려간다
③ 올라갈 때도 있고 내려갈 때도 있다.

9

질긴 종이로 냄비를 만들어서, 그 안에 물을 붓고 물을 끓이려 합니다. 과연 어떻게 될까요?

① 종이가 타서 물이 흘러내린다
② 물은 끓어 뜨거워지고, 계속 해서 끓는다
③ 끓는 순간 종이가 타기 시작한다.

답 7

② 절대로 없다

영하 273도가 최저이고, 그보다 낮은 온도는 없습니다.

답 8

③ 올라갈 때도 있고 내려갈 때도 있다

방 안이 따뜻한 곳과 차가운 곳이 있을 경우에는 온도계도 올라갔다 내려갔다 합니다. 물이 묻은 부채로 온도계를 부치면 온도계의 온도는 내려갑니다.

답 9

② 물은 끓어 뜨거워지고, 그대로 계속해서 끓는다

물은 끓어도 100도밖에 되지 않지만, 종이가 타는 데는 100도보다 더 높은 온도가 필요합니다. 그러므로 종이 냄비에 물이 있을 때까지는, 종이는 타지 않습니다. 물이 모두 증발해 버리면 종이는 타 버립니다.

소리가 전달되는 속도

 10

공기 중에서 소리가 전달되는 속도는 보통 초속 340미터입니다. 그러면, 큰 소리와 작은 소리는 어느 쪽이 빠를까요?

① 큰 소리
② 작은 소리
③ 같다

 11

소리가 전달되는 속도는 전달하는 것에 따라 다릅니다. 다음 중에서, 가장 빨리 전달되는 것은 어느 것일까요?

① 공기 속
② 물 속
③ 진공 속

 12

산에 올라가서 '야호' 하고 소리를 지르면, 역시 같은 소리로 '야호' 하고 메아리가 되돌아오는 경우가 있습니다. 그것은 어째서일까요?

① 누군가가 되받아 소리를 지르니까
② 주변의 산이 소리를 반사하고 있으니까
③ 높은 산에 올라 귀가 멍해져서 잘못 들어서

답 10

③ 같다

소리가 전달되는 속도는 소리의 크기에는 관계가 없습니다. 하지만 온도나 습도, 기압 따위로 속도는 달라집니다.

답 11

② 물 속

소리는 밀도가 높은 물질 속일수록 빨리 전달됩니다. 물 속에서는, 공기 중의 4.5배의 속도로 전달됩니다. 그리고 소리는 물질을 진동시켜서 전달되는 것이므로, 아무것도 없는 전공 상태에서는 전달되지 않습니다.

답 12

② 주변의 산이 소리를 반사하고 있으니까

메아리는 소리가 주위에 있는 산 따위에 반사해서 일어나는 현상입니다. 표면이 딱딱하고 매끄러운 것일수록 소리를 잘 반사합니다.

소리의 높낮이

트럼펫이나 트롬본 따위의 금관 악기는 모두 길쭉한 관을 갖고 있습니다. 그 음들에 대해 올바른 설명을 한 것은 다음 중 어느 것일까요?

① 긴 관을 갖고 있을수록 낮은 음을 낼 수 있다.
② 긴 관을 갖고 있을수록 높은 음을 낼 수 있다.
③ 음의 높이와 관의 길이는 관계가 없다.

컵에 물을 부은 후 두드려서 소리를 내어 보세요. 컵에 물을 더 부어 나가면, 소리는 어떻게 변할까요?

① 음은 높아진다
② 음은 낮아진다
③ 변하지 않는다

답 13

① 긴 관을 갖고 있을수록 낮은 음을 낼 수 있다

낮은 음을 내기 위해서는 긴 관이 필요합니다. 그러므로, 높은 음을 내는 트럼펫보다도 낮은 음을 내는 트롬본 쪽의 관이 깁니다. 더 낮은 음을 내려면, 관을 몇 겹으로 빙빙 감으면 더욱 긴 관이 됩니다.

답 14

② 음은 낮아진다

컵 속의 물이 불어날수록 음은 낮아집니다. 그러나, 맥주병일 경우에는 물이 불어날수록 음이 높아집니다.

무게와 길이

 15

같은 무게의 물체를 서울과 제주도에서 달았을 경우, 무게는 같을까요?

① 같다
② 제주도에서 단 것이 무겁다
③ 서울에서 단 것이 무겁다

 16

높은 곳에서 물체를 떨어뜨리면, 무거운 것과 가벼운 것 중, 어느 쪽이 빨리 떨어질까요?

① 무거운 것
② 가벼운 것
③ 떨어지는 속도는 같다

문 17

길이의 단위를 나타내는 1미터는 무엇을 기준으로 하고 있을까요?

① 사람의 키
② 사람이 걷는 보폭
③ 지구의 크기

답 15

③ 서울에서 단 것이 무겁다

지구에서는 장소에 따라 중력이 다르기 때문입니다. 북으로 갈수록 중력이 강해져서 무거워지고, 높은 곳으로 올라갈수록 중력은 약해져서 물체는 가벼워집니다.

답 16

③ 떨어지는 속도는 같다

물체가 떨어지는 속도는, 물체의 무게나 크기에 관계 없이 모두 같습니다. 이탈리아의 갈릴레이라는 과학자가 이 법칙을 증명했습니다. 그러나 공기 중에서는 공기의 저항이 있기 때문에 완전한 실험을 할 수 없습니다. 진공 상태에서 실험하면, 반드시 같은 속도로 떨어집니다.

답 17

③ 지구의 크기

1미터는 지구의 자오선 길이의 4천만 분의 1입니다. 이것을 기준으로 미터법이 정해졌는데, 1799년부터 프랑스가 사용하기 시작했습니다. 그 때까지는 몸의 크기를 기준으로 단위가 사용되고 있었으나, 체격이 다르면 단위까지 달라지므로 매우 불편했습니다. 영국 런던의 그리니치를 지나는 자오선을 '본초 자오선'이라고 합니다.

전기 제품

 18

텔레비전의 음량을 너무 크게 하면, 이웃에게 소음 공해가 됩니다. 그런데 소리를 크게 하면 전기 요금은 비싸질까요?

① 매우 비싸진다
② 약간 비싸진다
③ 전혀 차이가 없다

 19

냉장고는 어떻게 식료품을 냉각시킬 수 있을까요?

① 냉장고 속에 큰 얼음덩어리가 들어 있어서
② 파이프 속에 물이 흐르고 있어서
③ 특수 가스가 흐르고 있어서

문 20

보통 전등은 곧바로 켜지는데, 형광등은 시간이 걸리는 것은 무엇 때문일까요?

① 관이 길어 전기가 전도되는 데 시간이 걸려서
② 가스를 가열하는 데 시간이 걸려서
③ 불빛에 눈이 부시지 않도록 일부러 늦게 켜지도록 해 놓았으니까

답 18

② 약간 비싸진다

텔레비전을 큰 소리로 들으면 작은 소리로 듣는 것보다 전기가 더 많이 흐릅니다. 그러나 커다란 차이는 나지 않습니다. 소리를 크게 해도 전기 요금은 그다지 걱정할 정도는 아니지만, 이웃에 폐를 끼치게 되니까 조심하도록 합시다.

답 19

③ 특수 가스가 흐르고 있어서

냉장고에는 프레온이라는 물질이 이용되고 있습니다. 이 프레온은 가스가 될 때, 많은 열을 빼앗는 성질이 있습니다. 그래서, 냉장고 속의 온도가 내려가는 것입니다.

답 20

② 가스를 가열하는 데 시간이 걸려서

형광등의 관 안에는 아르곤 가스와 수은이 들어 있습니다. 그리고, 아르곤 가스가 가열되면 빛을 내도록 만들어져 있습니다. 그러므로, 작은 전구로 가스를 가열하지 않으면 불이 켜지지 않는 것입니다.

엘리베이터

 21

엘리베이터 안에서는 절대 심한 행동을 하지 말라고 합니다. 만일, 엘리베이터 안에서 과격한 행동을 하면 어떻게 될까요?

① 그냥 그대로 작동한다
② 그 자리에 멈추어 버린다
③ 줄이 끊어져 떨어져 버린다

문 22

엘리베이터로 내려가기 시작할 때, 몸이 뜨는 듯한 느낌이 듭니다. 그 때 체중계에 올라가 있으면 눈금은 어떻게 될까요?

① 바늘이 가벼운 쪽으로 움직인다
② 바늘이 무거운 쪽으로 움직인다
③ 눈금은 변하지 않는다

답 21

② 그 자리에 멈추어 버린다

엘리베이터는 지진 따위의 충격을 느끼면 멈추도록 설계되어 있습니다. 그리고 줄이 끊어져도 바로 멈추어지도록 안전 장치가 되어 있습니다. 추락해서 격돌하는 일은 없습니다.

답 22

① 바늘이 가벼운 쪽으로 움직인다

엘리베이터가 내려가기 시작하는 순간에는, 체중계의 바늘은 가벼운 쪽으로 움직입니다. 그러나 그 후에는 원래대로 되돌아갑니다.

자동차

문 23

현재, 거리를 달리고 있는 자동차의 연료로 쓰이지 않고 있는 것은 어느 것일까요?

① 휘발유
② 석탄
③ 가스

문 24

벼락은 키가 큰 나무나 금속에 잘 떨어집니다. 그러면, 자동차를 타고 있을 때 벼락을 맞으면 어떻게 될까요?

① 자동차에는 떨어지지 않는다
② 떨어지면, 차에 타고 있던 사람은 모두 감전되어 버린다
③ 떨어지기는 하지만, 차 안에 있는 사람은 안전하다

문 25

현재 실존하고 있는 자동차는 다음 중 어느 것일까요?

① 전기 자동차
② 원자력 자동차
③ 수력 자동차

답 23

② 석탄

자동차가 발명되었을 무렵에는 석탄을 동력으로 이용한 자동차도 있었습니다. 현재는 석탄 자동차는 거리를 달릴 수 없습니다. 일반적으로 자동차의 연료는 휘발유나 경유가 중심인데, 택시 연료의 대부분은 LP 가스라고 하는 가스입니다.

답 24

③ 떨어지기는 하지만, 차 안에 있는 사람은 안전하다

벼락은 금속에 잘 떨어지므로 자동차에 떨어지기도 합니다. 그러나 자동차의 금속 부분을 통해서 땅 속으로 흘러 들어가기 때문에, 안에 있는 사람은 외부의 금속에 손을 대지 않는 한 안전합니다.

답 25

① 전기 자동차

휘발류를 연료로 하는 자동차와는 달리 공해 걱정을 안 해도 됩니다. 최근에는 '하이브리드 자동차'라고 하여 전기와 휘발류를 모두 사용하는 방식으로 이용하고 있습니다.

배가 물에 뜨는 원리

문 26

큰 쇳덩어리와 같은 배가 어떻게 물에 뜰 수 있을까요?

① 거품을 내는 합성 수지가 많이 채워져 있어서

② 물에 뜨는 금속으로 만들어져 있어서

③ 배 전체의 무게가 같은 부피의 물보다 가벼우니까

문 27

바람의 힘으로 달리는 요트나 범선은 바람이 불어 오는 방향으로 달릴 수 있을까요?

① 달릴 수 없다

② 어떠한 방향으로도 달릴 수 있다

③ 비스듬히 45도 정도까지는 달릴 수 있다

문 28

옛날 배에는 무선 따위는 없었습니다. 그러면 주위에 섬이나 육지 등의 목표물이 없는 바다 위에서는 어떻게 달리는 방향을 알 수 있었을까요?

① 육지가 보일 때까지 파도에 맡긴다

② 새나 물고기 떼를 뒤쫓는다

③ 별을 보고 진행 방향을 알았다

답 26

③ 배 전체의 무게가 같은 부피의 물보다 가벼우니까

배 전체의 무게란, 배 자체의 무게와 배 안에 있는 공기의 무게를 합한 것입니다. 이 배 전체의 무게가 같은 부피의 물의 무게보다도 가볍기 때문에 배는 물에 뜨는 것입니다. 그러나 배 안에 물이 가득 들어가 버리면, 그 물의 무게가 배 전체의 무게에 더해집니다. 그렇게 되면 배 전체의 무게가 같은 부피의 물의 무게보다 무거워져서, 배는 가라앉아 버립니다.

답 27

③ 비스듬히 45도 정도까지는 달릴 수 있다

아래 그림처럼 바람을 향해서 좌우 45도 정도의 범위라면 달릴 수 있습니다. 그러나 그러기 위해 돛을 조작하는 데는 능숙한 기술이 필요합니다.

답 28

③ 별을 보고 진행 방향을 알았다

옛날의 뱃사람들은 별의 위치를 매일 밤 정해진 시간에 계측하여, 자기들이 있는 위치나 목적지를 알았습니다. 현재는 자석이나 레이더를 이용하여 자기의 위치나 목적지를 알아 내는데, 역시 별의 위치도 참고하고 있습니다.

비행기

29

금속으로 만들어진 비행기가 하늘을 날 수 있는 것은 무엇 때문일까요?

① 공기보다 가벼운 가스를 싣고 있으니까
② 날개가 새의 날개처럼 날개치기 때문에
③ 공기가 날개를 밀어올리니까

30

비행기 제작에 사용되고 있는 철판의 두께는 어느 정도일까요?

① 2밀리미터 정도
② 5센티미터 정도
③ 50센티미터 정도

문 31

비행장에서, 비행기에 손님이 오르내리는 장소를 무엇이라고 할까요?

① 파킹
② 에이프런
③ 키칭

답 29

③ 공기가 날개를 밀어올리니까

비행기의 날개는 속력이 빨라지면 위로 뜨는 성질이 있습니다. 이것을 '양력'이라고 하는데, 이 양력에 의해 공중에 뜰 수가 있는 것입니다. 앞으로 나아가는 데는 '추진력'이라는 힘이 필요한데, 추진력은 프로펠러나 제트 엔진에 의해 만들어집니다. 그러나 속도가 느려지면 양력이 없어져서 추락해 버립니다.

답 30

① 2밀리미터 정도

높은 하늘에는 공기가 희박하므로, 비행기의 기체에는 그다지 힘이 필요하지 않습니다. 그리고 하늘을 날기 위해 되도록 기체를 가볍게 해야 합니다. 그래서 철판의 두께는 2밀리미터 정도로도 충분합니다.

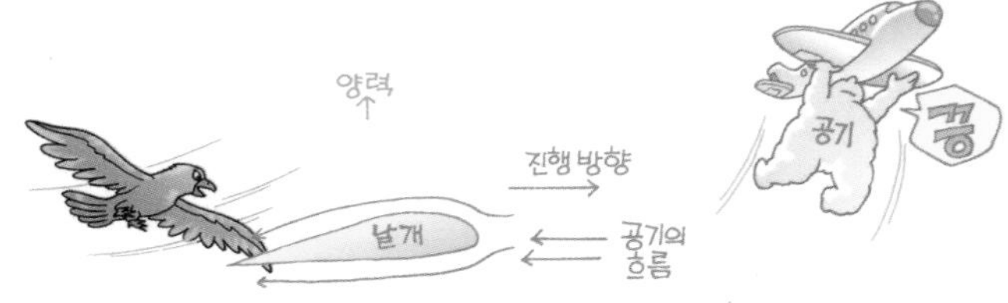

답 31

② 에이프런

여기서 승객이 오르내리고, 화물 · 연료 따위를 싣거나 내립니다.

금속의 성질

 32

금속 중에서도 가장 값비싼 것 중의 하나가 금입니다. 이 금의 성질에 대해 올바르게 설명한 것은 어느 것일까요?

① 전기가 통하지 않는다
② 종이처럼 얇게 늘일 수 있다
③ 가장 무거운 금속이다

 33

최근에, 어떤 특수한 금속이 개발되었습니다. 어떤 성질을 가지고 있을까요?

① 더운 물에 넣으면 10배가 된다
② 더운 물에 넣으면 형태가 변한다
③ 더운 물에 넣으면 투명해진다

문 34

선로와 선로 이음매에는 틈새가 있습니다. 이것 때문에 열차나 전철이 덜커덩덜커덩 소리를 냅니다. 그렇다면 왜 그 틈새를 메우지 않을까요?

① 비용이 많이 드니까
② 틈새의 소리로 거리를 측정하니까
③ 틈새가 없으면 탈선하니까

답 32

② 종이처럼 얇게 늘일 수 있다

금은 금속 중에서, 가장 얇게 늘이거나 가늘게 세공할 수 있습니다. 그래서 종이처럼 얇은 금박을 만들어서, 여러 가지 물건의 겉에 붙이거나 바르는 등 장식을 할 수도 있습니다.

답 33

② 더운 물에 넣으면 형태가 변한다

이 금속은 한번 더운 물 속에서 어떤 모양을 가지면, 공기 중에서 아무리 다른 모양으로 바꾸어도, 그것을 더운 물에 담그면 원래의 모습으로 되돌아가는 성질을 가지고 있습니다. 이것을 '형상 기억 합금'이라고 합니다.

답 34

③ 틈새가 없으면 탈선하니까

여름이 되면 더위 때문에 선로가 팽창합니다. 만일 선로에 틈새가 없으면, 팽창해서 구부러져 버리고, 열차는 탈선하고 맙니다. 그러나 터널 안은 기온이 안정되어 있어, 선로가 더위 때문에 팽창하는 일이 없으므로 틈새가 없습니다. 최근에는 팽창하지 않는 특수한 레일을 개발하여, 틈새가 없는 선로도 출현하고 있습니다.

Guitar

에너지

태양 에너지

 1

솔라 하우스라는 집이 있는데, 이 '솔라'란 무슨 뜻일까요?

① 태양
② 전기
③ 하늘

 2

지붕 위에 설치한 태양열 온수기에서는, 물을 어느 정도의 온도까지 가열할 수 있을까요?

① 20도
② 40도
③ 80도

 3

태양광 발전이란, 태양 광선을 이용해서 발전을 하는 것입니다. 다음 중 태양광 발전 장치가 사용되고 있는 것은 어느 것일까요?

① 탁상식 전자 계산기
② 전화
③ 텔레비전

답 1

① 태양

솔라 하우스란, 태양의 빛이나 열을 충분히 받아들이도록 설계하여 건축한 집입니다. 밤 또는 햇볕이 없을 때를 대비하여, 열을 비축해 두거나 보조 열원을 비치해 둡니다.

답 2

③ 80도

미국이나 오스트레일리아에서는, 대부분의 가정에서 태양열 온수기를 사용하고 있습니다. 따뜻한 지방의 가정에서는, 1년 중 8개월 이상 온수기를 이용할 수 있습니다.

답 3

① 탁상식 전자 계산기

태양 전지를 사용한 전자 계산기에는, 태양광을 전기로 변환시키는 장치가 가동되고 있습니다.

바다의 에너지

4

파도의 높낮이에서 나오는 힘을 이용하여 발전을 할 수 있을까요?

① 불가능하다
② 아직 시험 단계
③ 실제로 이용되고 있다

5

바다의 조수가 밀물이거나 썰물이 되거나 하는 힘을 이용해서 발전하는 것을 조력 발전이라고 하는데, 실제로 맨 처음 사용한 나라는 어디일까요?

① 러시아
② 프랑스
③ 캐나다

문 6

물은 100도면 끓는데, 온도차 발전에 사용하는 암모니아나 프레온의 액체는 몇 도 정도에서 끓을까요?

① 28도 ② 58도 ③ 88도

답 4

③ 실제로 이용되고 있다

이것을 '파력(파도의 힘) 발전'이라고 합니다. 현재는 항로 표지 부표나 해상 표지 부표 따위에 사용되고 있습니다. 망망 대해에 떠 있는 부표가 빛을 내고 있는 것은, 이 파력 발전을 이용한 것입니다.

● 파력 발전에 의한 항로 표지 부표의 구조

파도가 높아지거나 낮아지면, 공기의 흐름이 터빈에 작동해서 발전이 되도록 만들어져 있습니다.

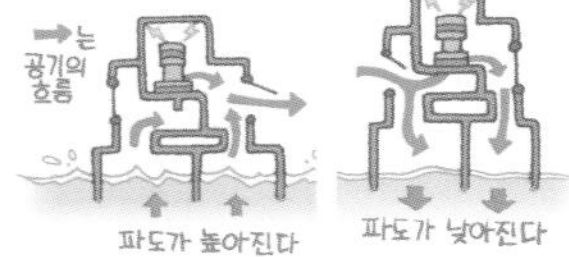

답 5

② 프랑스

프랑스에서는 이미 1967년부터 조력 발전을 하고 있었습니다. 하구와 바다를 막아서 만든 발전소 안을, 밀물이 되면 바닷물이 하구 쪽으로 흐르고, 썰물이 되면 하구에서 바다 쪽으로 흐릅니다. 그럴 때마다, 발전기의 물레방아를 돌려 발전하는 것입니다. 프랑스의 랑스 강에 있는 조력 발전소가 세계 최초의 것입니다.

● 조력 발전소

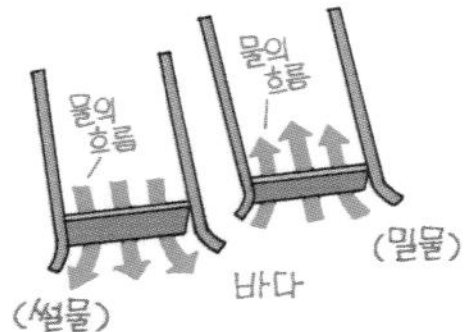

답 6

① 28도

온도차 발전에서는 바다 표면의 따뜻한 물을 퍼올려서, 그 온수로 암모니아나 프레온 등을 증발시킵니다. 그 증기의 힘으로 터빈을 돌려 발전합니다. 그리고, 바다 밑에서 퍼올린 차가운 바닷물로, 증기가 된 암모니아나 프레온을 액체로 환원시켜, 되풀이해 사용합니다.

바람의 에너지

바람의 에너지를 이용하는 것에는 네덜란드의 풍차 등이 있습니다. 그런데, 교통 기관 중에서 바람의 힘을 이용하는 것은 다음 중 어느 것일까요?

① 자동차
② 철도
③ 배

최근 세계 여러 나라에서 풍력 발전의 연구가 계속되고 있습니다. 그런데, 풍력 발전에 처음으로 성공한 나라는 어디일까요?

① 영국 ② 덴마크
③ 네덜란드

바람의 힘을 이용해서 발전을 하는 것은 풍력(풍차) 발전이지만, 전기의 힘으로 바람을 만드는 것은 무엇일까요?

① 헤어 드라이어
② 믹서 ③ 냉장고

답 7

③ 배

처음에는 천을 단 배였습니다. 곧 돛을 단 범선이 나타났습니다. 현재에는 연습용 범선이나 요트가 아직 남아 있습니다.

답 8

② 덴마크

19세기 말경에 덴마크에서 성공했습니다. 세계 각국에서 많은 실험을 하고 있는데, 바람이 불지 않을 때는 어떻게 하는가, 큰 풍차가 돌 때 나는 소리가 시끄러울 때는 어떻게 하는가, 하는 많은 문제가 있습니다. 우리 나라도 대관령과 제주도 등지에 풍력 발전소가 있습니다.

답 9

① 헤어 드라이어

헤어 드라이어는 전기의 힘으로 모터를 돌려 바람을 일으킵니다. 이 같은 것에는 환풍기나 선풍기가 있습니다.

지열 에너지

 10

지열 발전이란 지하에서 뿜어나오는 고온·고압의 증기를 이용해서 발전하는 것인데, 이런 장치와 비슷한 것은 무엇일까요?

① 화력 발전
② 수력 발전
③ 풍력 발전

 11

지열 발전소는 지하에서 증기를 모으기 위한 우물을 갖고 있습니다. 그럼, 우물의 깊이는 어느 정도일까요?

① 100미터 정도
② 1,000미터 정도
③ 2,000미터 정도

문 12

지열 발전을 많이 하고 있는 나라들은 어디일까요?

① 이집트, 스페인, 터키
② 중국, 스웨덴, 브라질
③ 미국, 이탈리아, 필리핀

답 10

① 화력 발전

화력 발전에도 고온의 증기를 만들어 그 증기의 힘으로 발전하므로, 발전하는 장치는 지열 발전과 같습니다.

답 11

③ 2,000미터 정도

대개 2,000미터 정도입니다. 그러나 지하 3,000미터에서 4,000미터 아래에 있는 증기는 더욱 고온 · 고압이므로, 그것을 이용할 수 있다면 더욱 거대한 지열 발전소를 만들 수 있습니다.

답 12

③ 미국, 이탈리아, 필리핀

세계에서 지열 발전을 가장 많이 하고 있는 나라는 미국입니다. 이탈리아, 필리핀도 지열 발전에 주력하고 있습니다. 이 외에도 뉴질랜드, 멕시코, 러시아, 아이슬랜드에서도 지열 발전소가 가동되고 있습니다.

Help the mouse find the cheese.

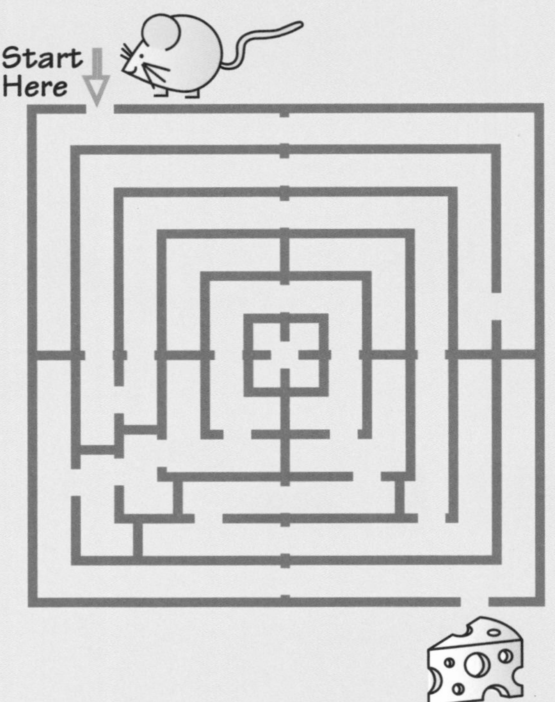

자연의 신비

지구의 모양

지구는 둥글다고 하는데, 정말로 공 모양을 하고 있을까요?

① 완전한 구형
② 적도 쪽이 긴 원형
③ 북극에서 남극 쪽으로 긴 원형

지구 전체로 보아, 바다와 육지는 어느 쪽이 더 넓을까요?

① 육지
② 바다
③ 비슷하다

바다에서는 간조(썰물) 때와 만조(밀물) 때는 해안선이 다릅니다. 지도를 만들 때는 어느 해안선을 기준으로 할까요?

① 간조 때
② 만조 때
③ 간조 때와 만조 때의 중간

답 1

② 적도 쪽이 긴 원형

지구 중심에서 적도까지의 거리는 약 637만 6,775킬로미터이므로, 지구 중심에서 적도까지의 거리가 2만 킬로미터쯤 깁니다. 그러므로, 지구 모양은 옆쪽이 약간 긴 원형입니다. 하지만 지구 전체로 보면, 2만 킬로미터라는 거리는 아주 짧은 것이므로, 지구는 거의 구형이라고 해도 좋을 것입니다.

2

② 바다

바다는 지구 전체의 약 70퍼센트를 차지합니다.

3

② 만조 때

해안선은 조수의 간만에 따라, 하루 동안에도 모습이 상당히 바뀝니다. 그래서, 지도를 만들 때의 해안선은 만조 때의 해안선을 기준으로 삼기로 되어 있습니다.

높은 산, 깊은 바다

4

세계에서 가장 높은 산은 에베레스트 산인데, 높이 8,848미터입니다. 그런데, 이 에베레스트란 이름은 어떻게 해서 붙여졌을까요?

① 전설적인 동물의 이름
② 사람의 이름
③ 고산 식물의 이름

5

우리 나라에서 제일 높은 산은 백두산인데, 높이 2,744미터입니다. 그러면, 두 번째로 높은 산은 다음 중 어느 산일까요?

① 한라산
② 지리산
③ 태백산

문 6

바다 밑은 매우 깊은 곳에 있습니다. 해수욕을 할 때 발을 헛디뎌서 당황한 일은 없습니까? 그럼, 바다 가운데서 가장 깊은 곳은 몇 미터쯤 될까요?

① 5천 미터
② 7천 미터
③ 1만 미터

답 4

② 사람의 이름

1852년에 높이를 잴 때, 세계에서 제일 높은 산이란 것이 판명되었습니다. 그 당시, 이 산에는 이름이 붙여지지 않았습니다. 그래서 높이를 잴 때, 인도의 측량국장 조지 에베레스트라는 사람의 이름을 따서 에베레스트 산으로 이름지었습니다. 나중에, 중국이나 네팔측에서 '초모룽마'라는 이름이 있다는 것을 알았습니다.

 5

① 한라산

우리 나라에서 두 번째로 높은 산은 제주도에 있는 한라산으로, 높이는 1,950미터입니다. 다음이 지리산(1,915미터)이고, 4위가 태백산(1,567미터)입니다.

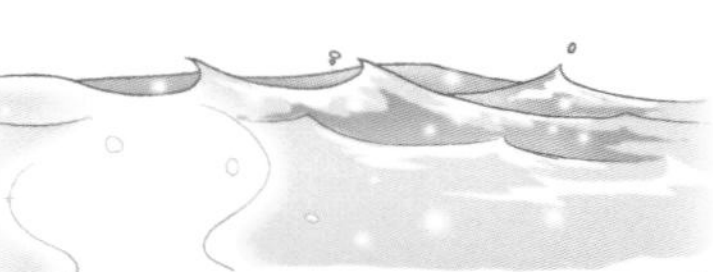

 6

③ 1만 미터

가장 깊은 바다는 태평양의 비티어즈 해연에 있는데, 11,034미터나 됩니다. 만일 에베레스트 산이 이 곳에 옮겨온다면, 완전히 빠져 버릴 정도의 깊이입니다.

세계의 호수와 섬

 7

세계 최대의 호수는 카스피 해입니다. 그런데, 한반도와 비교한다면 어느 정도가 될까요?

① 한반도의 면적과 비슷하다
② 한반도보다 좁다
③ 한반도보다 넓다

문 8

세계에서 가장 넓은 호수는 카스피 해입니다. 그러면 세계에서 가장 깊은 호수는 어디일까요?

① 카스피 해
② 바이칼 호
③ 빅토리아 호

문 9

세계에서 가장 큰 섬은 어느 것일까요?

① 그린랜드
② 뉴기니아 섬
③ 마다가스카르 섬

답 7

③ 한반도보다 넓다

카스피 해의 면적은 약 37만 1천 평방 킬로미터인데, 한반도의 면적은 22만 840평방 킬로미터이므로, 카스피 해가 훨씬 더 넓습니다.

답 8

② 바이칼 호

바이칼 호의 가장 깊은 곳은 1,742미터, 카스피 해는 995미터, 빅토리아 호는 82미터입니다.

답 9

① 그린랜드

그린랜드의 면적은 217만 평방 킬로미터입니다. 뉴기니아 섬은 세계에서 두 번째로 큰 섬인데, 면적은 약 78만 9천 평방 킬로미터입니다.

세계의 강

 10

세계에서 제일 긴 강은 다음 중 어느 것일까요?

① 아프리카의 나일 강
② 아메리카의 아마존 강
③ 북아메리카의 미시시피 강

 11

세계에서 제일 짧은 강을 끝에서 끝까지 달린다면 얼마나 걸릴까요?

① 1일
② 1시간
③ 1분도 안 걸린다.

문 12

1958년에 나일 강을 조사해 보니 어떤 이상한 것이 발견되었습니다. 다음 중 무엇일까요?

① 나일 강은 인공적인 강이다
② 나일 강의 물은 짜다
③ 나일 강의 지하에 강이 있다

답 10

① 아프리카의 나일 강

아프리카에 있는 나일 강의 길이는 약 6,690킬로미터나 됩니다. 아마존 강은 약 6,300킬로미터, 미시시피 강은 약 6,210킬로미터입니다.

답 11

③ 1분도 안 걸린다.

세계에서 제일 짧은 강은 미국 오레곤 주에 있는 디 강인데, 길이는 134미터입니다. 100미터 달리기의 세계 기록 보유자가 달리면 15초 정도면 달릴 수 있는 계산이 됩니다.

답 12

③ 나일 강의 지하에 강이 있다

나일 강의 지하에는, 물의 양이 나일 강의 6배나 되는 큰 강이 있다는 것이 발견되었습니다.

지형에 대해서

 13

공사 현장이나 단층 같은 데는 흙이 줄무늬를 이루고 있는 곳이 있습니다. 이런 줄무늬를 무엇이라고 할까요?

① 점토층
② 지층
③ 토층

문 14

종유굴은 빗물이나 지하수가 어떤 암석을 녹여서 형성됩니다. 이 녹는 암석은 무엇일까요?

① 현무암
② 사암
③ 석회암

문 15

오스트레일리아에서는 오가스터스산이라고 하는 높이 377미터의 작은 산이 있습니다. 이 산을 조사해 보니, 실은 산이 아니라 어떤 물체였습니다. 그것은 무엇이었을까요?

① 암석
② 운석
③ 점토

답 13

② 지층

지층의 줄무늬는 한 줄 한 줄 형성된 시대가 다릅니다. 그러므로 지층을 조사하면 옛날의 지구의 역사를 알 수 있습니다.

14

③ 석회암

종유굴은, 석회암이 빗물이나 지하수에 녹아 형성되는 카르스트라는 지형의 하나입니다.

답 15

① 암석

길이 8킬로미터, 폭 3킬로미터나 되는 하나의 큰 암석이란 것을 알아 냈습니다. 이것은 세계 최대의 암석입니다.

땅을 파면…

16

여러 가지 에너지의 근원이 되는 석유. 이것은 지하 깊숙한 곳에서 채굴하는데, 도대체 무엇으로 만들어졌을까요?

① 옛날의 생물의 시체
② 지하의 암석이 녹은 것
③ 마그마가 굳은 것

17

그러면, 석탄은 무엇으로 만들어졌을까요?

① 옛날의 공룡의 시체
② 옛날의 식물
③ 마그마가 굳은 것

18

다음 중에서, 본래는 다이아몬드와 같은 것은 다음 중 어느 것일까요?

① 석탄
② 수정
③ 금

답 16

① 옛날의 생물의 시체

석유는 석유가 스며들지 않는 지층과 석유를 저장해 두는 지층이 모두 갖추어져야 하므로, 세계에서도 일부 지방에만 있습니다.

 17

② 옛날의 식물

석탄은 지금으로부터 수억 년 전의 식물로 형성되었습니다.

답 18

① 석탄

시커먼 석탄과 반짝반짝 빛나는 다이아몬드가 같다고는 믿기 어렵겠지요? 그러나, 모두가 본래는 똑같은 탄소로 만들어졌습니다. 연필의 심도, 원래는 다이아몬드와 같았습니다. 그리고 수정은 유리의 조상격인데, 다이아몬드와는 다른 물질로 만들어졌습니다.

남극과 북극

 19

남극과 북극은 어느 쪽이 더 추울까요?

① 남극
② 북극
③ 같다

 20

눈과 얼음으로 덮인 대륙 남극, 그 추운 남극 대륙 중에서 가장 높은 산의 높이를 백두산과 비교하면 어느 정도가 될까요?

① 백두산보다 훨씬 높다
② 백두산과 비슷할 정도
③ 백두산보다 낮다

문 21

만일 남극의 얼음이 모두 녹아 버린다면 어떻게 될까요?

① 현재와 별 차이가 없다
② 우리 나라의 대도시는 거의 바다 속으로 들어가 버린다
③ 지구가 모두 바다가 된다

답 19

① 남극

남극은 남극 대륙이라는 육지인데, 높이가 평균 1,500미터 이상이나 되는 땅 위에, 평균 1,600미터 이상의 두꺼운 얼음이 덮여 있습니다. 이에 비해 북극은 북극해라는 바다인데, 이 바다 표면의 1미터 정도가 얼어서 얼음으로 되어 있을 뿐입니다. 바다는 육지보다 잘 얼지 않으므로, 북극은 남극만큼 춥지 않습니다.

답 20

① 백두산보다 훨씬 높다

남극 대륙에서 가장 높은 산은 빈슨 산이라는 산입니다. 높이는 5,140미터입니다. 백두산은 2,744미터이므로, 약 2,400미터나 빈슨 산이 더 높습니다.

답 21

② 우리 나라의 대도시는 거의 바다 속으로 들어가 버린다

남극의 얼음이 모두 녹아 버리면, 지구의 바닷물은 현재보다 60미터에서 90미터는 높아집니다. 만일 그렇게 된다면, 우리 나라의 대도시는 거의 바다 속으로 들어가 버립니다.

지구의 퀴즈 탐험

문 22

남극이나 북극에 가면, 하늘에 빛의 띠를 볼 수 있다고 합니다. 이것을 무엇이라고 할까요?

① 오라
② 오로라
③ 레인보

문 23

위도가 높은 지방에서는 계절에 따라, 밤이 되어도 해가 지지 않는 날이 계속되는 경우가 있습니다. 이런 밤을 무엇이라고 할까요?

① 성야
② 백야
③ 주야

문 24

빙하란 어떤 것일까요?

① 겨울이 되면 어는 강
② 강처럼 얼음이 흐르는 곳
③ 북극이나 남극에 있는 큰 얼음덩어리

답 22

② 오로라

오로라는 극광이라고도 하는데, 남극이나 북극 근방에서 볼 수 있는 빛의 현상입니다. 지구의 남북은 하나의 큰 자석으로 이루어져 있습니다. 그리고 그 자석에 끌려 우주에서 오는 물질이 지구상에서 빛을 내어 오로라가 되어 나타나는 것입니다.

답 23

② 백야

지구는 자전을 하고 있는데, 그 중심이 되는 축이 약간 기울어져 있습니다. 그러므로 옆에서 태양의 빛이 비치면, 아무리 돌아도 그림자가 지지 않는 곳이 있습니다. 이 곳은 하루 종일 해가 비치게 됩니다. 바로 이것이 백야입니다.

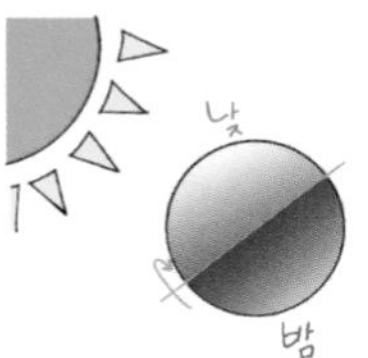

답 24

② 강처럼 얼음이 흐르는 곳

빙하란 땅 위에 쌓인 얼음이나 눈으로 형성되어 있어, 하루에 몇 센티미터씩 움직이고 있는 것을 가리킵니다. 이 얼음의 흐름에 따라, 산이 침식되어 버리는 경우도 있습니다.

비의 퀴즈 탐험

비가 내리는 속도는 다음 중 어느 것과 비슷할까요?

① 천천히 걷는 속도
② 전속력으로 달리는 자전거의 속도
③ 새마을호의 최고 속도

비가 내릴 때는 어떤 모양으로 내릴까요?

①

②

③

문 27

맑은 날에 비가 내리는 것을 '여우비'라고 합니다. 어떻게 해서 이런 현상이 일어날까요?

① 멀리 있는 구름 속에서 생긴 비가 세찬 바람에 날려 오므로
② 태양에서 비가 내리므로
③ 날고 있는 비행기에서 때때로 물을 뿌리므로

25

② 전속력으로 달리는 자전거의 속도

비가 내리는 속도는 대개 초속 8미터(시속 약 30킬로미터 정도)입니다.

답 26

③

하늘에서 떨어질 때의 비의 모양은, 위는 둥글고 밑은 평평해서, 마치 호빵 비슷한 모양을 하고 있습니다. 이것은 공기의 저항을 받아 아래쪽이 평평해지는 것인데, 큰 빗방울일수록 아래쪽이 더 납작해집니다.

답 27

① 멀리 있는 구름 속에서 생긴 비가 세찬 바람에 날려 오므로

구름이 없는데 비가 오는 경우는 없습니다. '여우비'는 멀리 있는 구름으로부터 비가 바람에 날려 온 것입니다. 그리고, 높은 하늘에서 비가 떨어지는 동안에 구름이 없어져서 여우비가 되는 경우도 있습니다.

눈의 퀴즈 탐험

눈의 결정은 어떤 모양을 하고 있을까요?

① 모두 삼각형
② 모두 육각형
③ 바늘 모양이나 널빤지 모양 따위, 여러 가지 모양이 있다

1미터쯤 쌓인 눈이 녹아서 물이 괴면, 어느 정도의 높이가 될까요?

① 1미터
② 약 1미터 50센티미터
③ 약 10센티미터

문 30

가루눈과 함박눈은 어떻게 다를까요?

① 산에 내리는 것이 가루눈이고, 평지에 내리는 것이 함박눈이다.
② 기온이 낮으면 가루 눈이 되고, 기온이 높으면 함박눈이 된다.
③ 가을에 내리는 것이 가루 눈이고, 봄에 내리는 것이 함박눈이다.

답 28

③ 바늘 모양이나 널빤지 모양 따위, 여러 가지 모양이 있다

눈의 결정은 눈이 될 때의 기온이나 습도에 따라, 각각 다른 모양이 됩니다. 미국의 벤트레이란 사람은 6,000여 종이나 되는 눈의 결정 사진을 촬영했습니다.

29

③ 약 10센티미터

눈이 녹아서 물이 되면 약 10분의 1로 감소됩니다. 그러므로 1미터 쌓인 눈이 녹으면 약 10센티미터 높이의 물이 됩니다.

답 30

② 기온이 낮으면 가루 눈이 되고, 기온이 높으면 함박눈이 된다

가루눈은 까슬까슬한 느낌을 주며, 매우 추울 때 내립니다. 함박눈은 포근한 날씨일 때 내립니다. 함박눈은 내리는 도중에 조금 녹거나 서로 뭉쳐져서 굵직한 모양으로 내립니다.

눈의 불가사의

문 31

아프리카에서 제일 높은 산인 킬리만자로에는 눈이 내릴까요?

① 적도 가까이에 있는 산에 눈이 내릴 리가 없다
② 1년에 한 번 정도 눈이 내린다
③ 1년 내내 녹지 않는 만년설이 있다

문 32

'풍화' 라는 것의 정체는 무엇일까요?

① 바람에 날리는 꽃잎
② 풍차
③ 눈

문 33

때때로 노란색의 눈이 내리는 경우가 있습니다. 그것은 무엇 때문일까요?

① 눈의 결정은 본래 노란색이었다
② 눈이 될 때 모래가 섞여서
③ 오줌이 증발해서 눈이 되었기 때문에

답 31

③ 1년 내내 녹지 않는 만년설이 있다

높은 산 정상 부근에는 기온이 낮으므로, 눈이 녹지 않고 만년설이 쌓여 있는 곳이 있습니다. 킬리만자로는 적도 근처에 위치하지만, 정상은 만년설로 덮여 있습니다.

답 32

③ 눈

바람이 세차고, 날씨가 좋은 날에 하늘에서 펄펄 떨어지는 '여우눈'을 풍화라고 합니다. 이것은 '여우비'와 마찬가지로, 멀리 있는 구름에서 내린 눈이 세찬 바람에 날려 온 것입니다.

답 33

② 눈이 될 때 모래가 섞여서

노란색 눈이 내리는 것은, 눈이 될 때 중국에서 날아 온 노란색 먼지(모래)가 섞였기 때문입니다. 유럽에서는 아프리카의 사하라 사막에서 날아온 모래 먼지가 섞여서, 붉은 눈이 내린 적도 있습니다.

흰 세계의 수수께끼

문 34

겨울의 추운 날, 이른 아침이나 저녁때 비가 내리기 전에 '후두둑' 하고 떨어지는 얼음덩어리를 무엇이라고 할까요?

① 낙빙
② 싸라기눈
③ 우박

문 35

안개의 정체는 무엇일까요?

① 연기
② 아주 작은 먼지
③ 아주 작은 물방울

문 36

나무가 얼음으로 감싸져 있는 듯한 아름다운 수빙, 이것은 나무에 무엇이 붙어서 만들어진 것일까요?

① 눈
② 서리
③ 안개

답 34

② 싸라기눈

싸라기눈은 구름 속에서 만들어진 얼음 덩어리에, 아주 작은 물방울이 얼어붙어 생깁니다. 이것이 녹으면 비가 됩니다. 그래서 싸라기눈은 기온이 낮을 때 잘 내립니다.

답 35

③ 아주 작은 물방울

안개는 구름과 마찬가지로, 공기 중의 수증기가 물방울이 된 것입니다. 안개는 물방울이 매우 작아서, 지면에 떨어지지 않고 공기 중에 떠다니는 것입니다.

답 36

③ 안개

차가운 안개가 세찬 바람에 날려, 나무에 부딪쳐 그대로 얼어붙은 것이 수빙입니다.

구름의 비밀

37

구름은 왜 하늘에 떠 있을 수 있을까요?

① 공기보다 가벼우니까
② 계속해서 안개를 내뿜고 있으므로
③ 위로 올라가는 공기가 밀어올리고 있으므로

38

'비행기운' 이란 어떤 구름일까요?

① 비행기 모양을 한 구름
② 비행기가 날아간 뒤에 엔진에서 나오는 가스 속의 수증기로 만들어진 구름
③ 비행기가 날아간 뒤의 눈의 착각

39

높은 하늘의 바람이 강할 때 나타나는 구름으로서, 이 구름이 나타나면 등산을 삼가야 한다는 구름은 무슨 구름일까요?

① 거울구름
② 유리구름
③ 렌즈구름

답 37

③ 위로 올라가는 공기가 밀어올리고 있으므로

구름이 있는 곳에서는 상승기류라고 하는, 밑에서 위로 올라가는 공기가 반드시 있습니다. 그 공기가 밀어올리고 있으므로, 구름은 하늘에 떠 있을 수 있는 것입니다. 위로 올라가는 공기가 없어지면, 구름은 아래로 내려와서 수증기가 되어 사라져 버립니다.

답 38

② 비행기가 날아간 뒤에 엔진에서 나오는 가스 속의 수증기로 만들어진 구름

비행기가 날아간 뒤에, 붓으로 그린 것 같은 흰 구름 줄기가 남습니다. 이것을 '비행기운'이라고 합니다. 비행기운은 엔진에서 나오는 가스 속의 수증기에 의해 생기는 구름입니다.

답 39

③ 렌즈구름

볼록 렌즈 비슷한 모양을 하고 있어, 렌즈구름이라고 부릅니다.

태풍의 퀴즈 탐험

문 40

태풍이 불 때, 풍속이 약한 지역은 어디일까요?

① 태풍은 대단히 큰 폭풍우이므로 바람이 약한 지역은 없다
② 태풍이 진행하는 방향의 오른쪽 바람이 약하다
③ 태풍이 진행하는 방향의 왼쪽이 약하다

문 41

'태풍의 눈'이란 무엇일까요?

① 태풍의 가장 비가 많은 곳
② 태풍의 중심으로, 구름이 없는 곳
③ 태풍의 진행 방향

문 42

태풍은 태평양에서 발생하는 것인데, 인도양에서 발생하는 폭풍우는 무엇이라고 할까요?

① 타이푼
② 사이클론
③ 허리케인

답 40

③ 태풍이 진행하는 방향의 왼쪽이 약하다

태풍의 오른쪽은, 태풍의 진행 방향과 중심으로 향해 부는 바람의 힘이 합해져서, 세찬 바람이 붑니다. 태풍의 왼쪽은, 태풍이 진행하는 방향과 중심으로 향해 부는 바람이 서로 충돌해서 바람은 약해집니다.

답 41

② 태풍의 중심으로, 구름이 없는 곳

수면에 소용올이가 생기면, 중심이 쑥 들어가 보입니다. 태풍은 공기의 소용돌이이므로, 수면과 마찬가지로 소용돌이의 중심에 구름이 없는 곳이 생깁니다. 이것을 태풍의 눈이라고 합니다. 그러므로 태풍의 눈에서는 맑은 경우가 많은 것입니다.

답 42

② 사이클론

인도양에서 발생하는 폭풍우를 '사이클론', 대서양이나 북태평양에서 발생해서 미국을 휩쓰는 폭풍우를 '허리케인' 이라고 합니다.

날씨의 퀴즈 탐험

문 43

갠 날의 하늘은 어째서 파랄까요?

① 공기의 색깔이 원래 파란색이니까
② 공기는 따뜻하면 파란색이 되고, 추우면 빨간색이 되므로
③ 태양의 일곱 색 중 파란 색만 눈에 비치므로

문 44

천둥으로부터 몸을 보호하는 방법으로, 다음 중 옳은 것은?

① 높은 나무 밑에 숨는다
② 몸에서 금속을 떼어 낸다
③ 피뢰침에서 떨어져 있도록 한다

문 45

이른 봄의 기상 현상으로, 황사 현상이 있습니다. 황사는 대기 중에 모래 먼지가 섞여서 하늘이 황색으로 보이는 것입니다. 이 모래 먼지는 어디서 오는 것일까요?

① 고비 사막에서
② 일본 열고에서
③ 중국 북부에서

답 43

③ 태양의 일곱 색 중 파란 색 만 눈에 비치므로

태양 광선은 대기를 통과할 때, 먼지 따위와 부딪쳐서 흡수되거나 산란하거나 합니다. 하늘이 파랗게 보이는 것은, 다른 광선은 흡수해 버리고 파란색만 지상에 남기 때문입니다. 또, 저녁해가 빨갛게 보이는 것은 태양이 낮은 곳에 있기 때문에 붉은 광선만 눈에 비치게 되기 때문입니다.

답 44

② 몸에서 금속을 떼어 낸다

천둥이 칠 때는 높은 나무 밑에 있거나 금속을 몸에 지니고 있으면 위험합니다. 또, 피뢰침이 있는 건물 안에 있으면 안전합니다. 피뢰침은 높은 건물 등의 꼭대기에 설치하는 쇠막대기로서, 천둥의 전기를 건물로 통하지 않게 하고, 지면으로 흐르게 하는 장치입니다.

답 45

③ 중국 북부에서

중국 북부의 '황토 지대'로부터 바람에 의해 공중으로 날아오른 모래 먼지가 대기 중에 퍼져나가 하늘을 뒤덮어 버리는 현상입니다.

Pelican

신기한 현상

강낭콩과 유채꽃

 1

똑바로 뻗어 올라간 강낭콩 화분을 화분 채로 옆으로 눕혔습니다. 과연, 강낭콩 잎과 줄기는 어떻게 될까요?

① 그대로 옆으로 뻗어나가며 자란다
② 위로 구부러져 자란다
③ 아래로 구부러져 자란다

 2

유채꽃은 매년 봄이 되면 아름다운 노란꽃을 피웁니다. 유채꽃의 꽃잎은 4개, 꽃받침도 4개입니다. 그런데 수꽃술의 수는 몇 개일까요?

① 4개 ② 5개
③ 6개

 1

② 위로 구부러져 자란다

뿌리는 반대로 밑으로 구부러져 자랍니다. 뿌리처럼 아래로 구부러지는 것을 '정(正)의 굴지성', 잎이나 줄기가 위로 구부러지는 것을 '부(負)의 굴지성'이라고 합니다.

답 2

③ 6개

유채꽃은 4개의 꽃잎, 4개의 꽃받침, 6개의 수꽃술, 1개의 암꽃술로 이루어져 있습니다. 꽃의 아래쪽에는 녹색의 작은 구슬이 4개 달려 있는데, 이것을 꿀샘이라고 합니다. 이 꿀샘에서 꿀이 나옵니다. 벌이나 나비는 이 꿀샘에서 나오는 꿀을 빨아먹으려고 꽃을 찾는 것입니다.

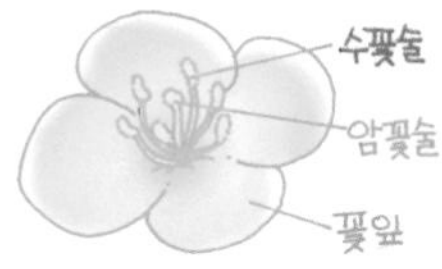

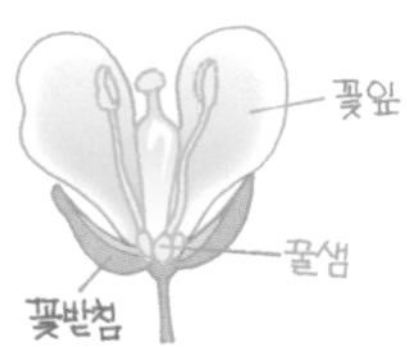

곤충의 신비

문 3

곤충에는 나비 · 풍뎅이 · 잠자리 등, 각양 각색의 모양을 한 종류가 있습니다. 그러나, 모든 곤충은 어떤 공통된 신체 구조를 갖고 있습니다. 그것은 다음 중 무엇일까요?

① 머리 · 가슴 · 배로 나누어져 있고, 6개의 다리와 4개의 날개가 가슴에 붙어 있다

② 머리 · 가슴 · 배 · 꼬리로 나누어져 있고, 6개의 다리와 4개의 날개가 가슴에 붙어 있다

③ 머리 · 가슴 · 배로 나누어져 있고, 6개의 다리가 가슴에, 4개의 날개가 배에 붙어 있다

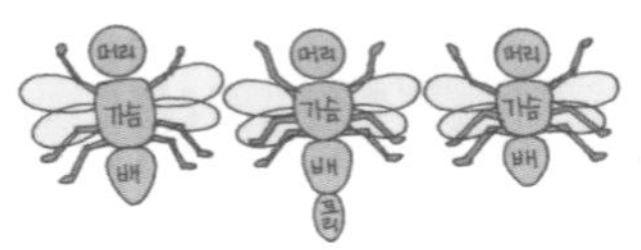

문 4

곤충은 일생 동안 여러 가지로 몸의 모양을 바꿉니다. 그러나, 곤충의 종류에 따라 모양이 바뀌는 형태가 약간씩 다릅니다. 다음 중 모양이 바뀌는 형태를 잘못 설명한 것은 어느 것일까요?

① (호랑나비)알→유충→번데기→성충

② (풍뎅이)알→유충→성충

③ (메뚜기)알→유충→성충

답 3

① 머리 · 가슴 · 배로 나누어져 있고, 6개의 다리와 4개의 날개가 가슴에 붙어 있다

곤충은 모두 머리 · 가슴 · 배의 3개 부분으로 나누어져 있고, 가슴에 6개의 다리와 날개가 달려 있습니다. 거미는, 다리가 8개이고 날개가 없으므로 곤충이 아닙니다.

답 4

② (풍뎅이)알→유충→성충

풍뎅이는 알→유충→번데기→성충의 순서로 변태합니다. 이와 같은 변태 방식을 완전 변태라고 합니다. 그리고, 메뚜기처럼, 알→유충→성충의 순서로 변태하는 것을 불완전 변태라고 합니다. 불완전 변태에서는 번데기의 과정이 없고, 유충은 크기는 작지만 성충과 모양이 비슷합니다.

자석에 열을 가하면?

막대 자석에 작은 못을 많이 붙게 했을 때, 못이 가장 많이 달라붙는 곳은 자석의 어느 부분일까요?

① 자석의 양쪽 끝
② 자석의 중앙
③ 어느 부분에도 똑같이 붙는다

자석에 열을 가하면 어떻게 될까요?

① N극과 S극이 서로 뒤바뀐다
② 자석으로서의 힘이 없어진다
③ 변하지 않는다

1개의 막대 자석을 N극과 S극의 한가운데를 자르면, 2개의 막대 자석은 어떻게 될까요?

① 1개는 N극만, 또 1개는 S극만의 막대 자석이 된다
② 2개 모두 N극과 S극 양쪽을 지닌 완전한 막대 자석이 된다
③ 2개 모두 자석의 힘(자력)이 없어진다

답 5

① 자석의 양쪽 끝

막대 자석에 못을 달라붙게 해 보면, 자석의 양쪽 끝에 가장 많이 달라붙습니다. 그리고 중앙으로 갈수록 붙는 힘이 약해집니다.

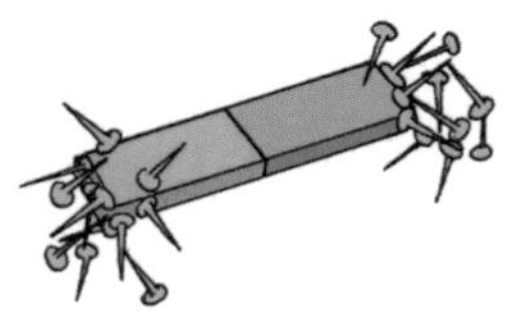

답 6

② 자석으로서의 힘이 없어진다

자석을 불로 가열하면 점점 자력이 없어지게 되어, 마지막에는 자석으로서의 힘이 전혀 없어져서 쇠붙이를 끌어당길 수 없게 됩니다.

답 7

② 2개 모두, N극과 S극을 지닌 완전한 막대 자석이 된다

아래 그림의 A 부분은, 2개로 자르기 전까지는 거의 못을 끌어당기지 않았지만, 2개로 잘라지면 강하게 끌어당기게 됩니다.

천칭으로 달아 보자

문 8

천칭으로 달았을 때, 양쪽 모두가 기울지 않는 똑같은 무게의 찰흙이 있습니다. 그런데 한쪽의 찰흙을 그대로 두고 다른 쪽의 찰흙만 잘게 잘라서 천칭에다 올려놓으면 어떻게 될까요?

① 잘게 자른 쪽이 가벼워진다
② 잘게 자른 쪽이 무거워진다
③ 전과 같다

문 9

수평으로 균형이 잡혀 있는 천칭의 양쪽에다, 똑같은 무게의 추를 실에 매어 달았습니다. 그리고는 한쪽 편 추를 매달고 있는 실을 가운데에서 묶어 짧게 했습니다. 자, 과연 어떻게 될까요?

① 실을 짧게 한 쪽이 무거워진다
② 실을 짧게 한 쪽이 가벼워진다
③ 전과 같다

답 8

③ 전과 같다

찰흙은 어떻게 모양을 바꾸어도, 무게는 변하지 않습니다.

 9

③ 전과 같다

추를 매단 실의 길이를 바꾸어도 추의 무게는 변하지 않으므로, 전과 같이 균형이 잡힙니다.

수증기의 정체

주전자에 물을 끓이면 김이 납니다. 그런데, 이 김은 도대체 무엇일까요?

① 주전자가 타고 있는 연기
② 물이 끓어서 증발하는 것
③ 공기가 가열되어서 생기는 아지랑이의 일종

문 11

컵에 차가운 물을 붓고 잠시 있으면, 컵 둘레에 많은 물방울이 맺힙니다. 이 물방울은 어떻게 해서 생겨났을까요?

① 공기 중의 수증기가 컵의 물에 냉각되어 물로 바뀌었다
② 컵 안의 물이 스며나왔다
③ 컵 안의 물이 증발해서 그 수증기가 차가운 컵에 달라붙어 물이 되었다

답 10

② 물이 끓어서 증발하는 것

김이란 곧 수증기입니다. 물이 가열되어 100도가 되면 끓어서 수증기가 됩니다. 반대로 물을 0도로 냉각시키면 얼음이 됩니다. 수증기는 일정한 모양이나 부피가 없습니다. 이와 같은 것을 '기체'라고 합니다. 물은 어떤 모양의 그릇에도 들어갈 수 있고, 일정한 형태가 없습니다. 이와 같은 것을 '액체'라고 합니다. 얼음은 딱딱하고, 일정한 모양과 부피가 있습니다. 이러한 것을 '고체'라고 합니다. 수증기와 물과 얼음은 각각 모양과 부피가 다르지만, 본래는 모두 같은 것입니다.

11

① 공기 중의 수증기가 컵의 물에 냉각되어 물로 바뀌었다

공기 중에는 많은 수증기가 함유되어 있습니다. 추운 겨울날에 방을 따뜻하게 하면 창문이 흐려집니다. 이것도 방 안의 공기 속에 있는 수증기가 바깥 추위에 식어서, 작은 물방울로 되돌아가 유리창에 달라붙어서 흐려지는 것입니다.

공기의 성질

문 12

빈 병의 주둥이에 동전을 올려놓고 그 병을 두 손으로 감싸쥐고 따뜻하게 만들면, 동전이 달각달각 하고 움직이기 시작합니다. 무엇 때문일까요?

① 자기도 모르는 사이에 손이 떨려서
② 병 안의 공기가 팽창하여, 동전을 밀어 올리기 때문에
③ 병이 따뜻해져서 병의 주둥이의 모양이 변했기 때문에

문 13

찌그러진 탁구공을 본래의 모양대로 만들려면, 어떻게 해야 좋을까요?

① 얼음물 속에 넣어서 냉각시킨다
② 뜨거운 물 속에 넣어 따뜻하게 만든다
③ 식초에 담근다

답 12

② 병 안의 공기가 팽창하여, 동전을 밀어 올리기 때문에

공기는 따뜻해지면 팽창하는 성질을 가지고 있습니다. 이 때 동전을 올려놓은 병을 두 손으로 감싸쥐어 병 속의 공기가 따뜻해져서 팽창하여 동전을 밀어 올렸기 때문입니다.

답 13

② 뜨거운 물 속에 넣어 따뜻하게 만든다

이것은 공기가 가열되면 팽창한다는 성질을 이용한 것입니다. 또한 반대로, 공기는 냉각되면 축소되는 성질을 갖고 있습니다.

퀴즈로 푸는 과학 상식

펴낸이/이홍식
발행처/도서출판 지식서관
등록/1990.11.21 제96호
주소/경기도 고양시 덕양구 고양동 31-38
전화/031)969-9311(대)
팩시밀리/031)969-9313
e-mail/jisiksa@hanmail.net

초판 1쇄 발행일/2011년 11월 5일
초판 4쇄 발행일/2020년 4월 20일